藝術大師
徐悲鴻

金　山◉著

目　　錄

自序

我從小喜歡繪事，早在鄉間讀小學一、二年級時，便常臨摹所能見到的圖畫，並常爲鄰人的姑娘、媳婦臨些單線白描花譜、圖案，供她們刺綉在衣物上。

當我讀初中一年級時，經考試被吸收進學校課餘美術小組，後因與其他活動在時間上發生矛盾，才終止美術活動，加上那時所見美術資料有限，又缺少名師指導，才對繪事有所疏遠。

五十年代末，當我讀到藝術大師徐悲鴻先生的眞蹟，便被徐大師的藝術所吸引。從此，我的業餘愛好又轉向美術，並把欣賞徐大師的繪畫和搜集有關他的資料，作爲最大的樂趣。

到七十年代末，當我掌握了徐大師各個時期的大量資料後，並感到已有的讀物對徐大師的評介不準確時，便開始編著有關徐大師的系列書籍，首編「徐悲鴻年譜」、繼編「徐悲鴻藝術文集」、再編「徐悲鴻藝術集」等。

八十年代初，當我讀到一本名叫「唐伯虎」的小册子時，我又想到：如果說唐伯虎是江蘇地區古代的名畫家，是「江南第一才子」。而藝術大師徐悲鴻，則是江蘇地區和全中國近現代的名畫家，是近現代的「江南才子」。因此，我便參考「唐伯虎」一書的體例，撰著了「藝術大師徐悲鴻」一稿，寄給一家文藝雜誌社，經專家審稿，便決定採用，並排出長條小樣。不久，由於該雜誌停刊，小樣和專家審稿意見便被退回。

其專家審稿意見云：

1.徐悲鴻傳記之類的著述，國內外已出版了多種。如和本書「藝術大師徐悲鴻」相比，此書所撰自有特色。

2.作者熟悉各科中文資料，尤其熟悉近現代報刊資料，同時對美術有較深的理論知識。因此他的撰著，語多中肯。

3.史傳首貴翔實。所引資料真實有據，若干章節，國內尚屬初見。特別是徐悲鴻在國外活動的部份，國人知之甚少。

4.對徐悲鴻的藝術思想和一生的貢獻，所作的評價，比較客觀、公允。沒有虛譽溢美之辭。時下有些傳記，往往無中生有，胡亂吹捧。本稿以實事求是的精神，一掃美聲溢譽、言過其實的惡習。

當徐伯陽兄見到拙著和審稿意見，也甚感興趣，並熱心推薦出版。而雄獅圖書公司果然不棄，願付諸鉛槧。在此一並致謝。並聊作自序。

金　山

一九八九年七月

徐悲鴻（1930 年）

徐悲鴻在中大藝術系畫室作畫（1936 年春）

圖片／作品欣賞

圖 片 欣 賞

徐悲鴻與中大藝術系繪畫班同學合影(1938 年春於重慶沙坪壩松林坡)。左起：一顧了然、二孫宗慰、四張書旂、五呂斯百、六文金揚、九徐悲鴻、十吳作人、十一康壽山、十三戴澤、十四艾中信。

徐悲鴻和盧開祥在青城山天師洞合影（1943 年夏）

圖片欣賞

徐悲鴻與中大藝術系師生合影
(1946 年 5 月)中排右起：一廖靜文、二徐悲鴻、四王臨乙、五黃君璧、六陳之佛
後排右起：一黃養輝、二許士騏

徐悲鴻與友人在齊白石家合影（1952 年冬）
自左至右：任敷孟、廖靜文、徐悲鴻、齊白石、齊的護士、羅銘。

作品欣賞

自畫像之四　油畫　1931

田橫五百士　油畫　1928—30

作品欣賞

巴貧婦　水墨　1937

作品欣賞

山鬼　水墨設色　1943

藝術大師◉徐悲鴻

作品欣賞

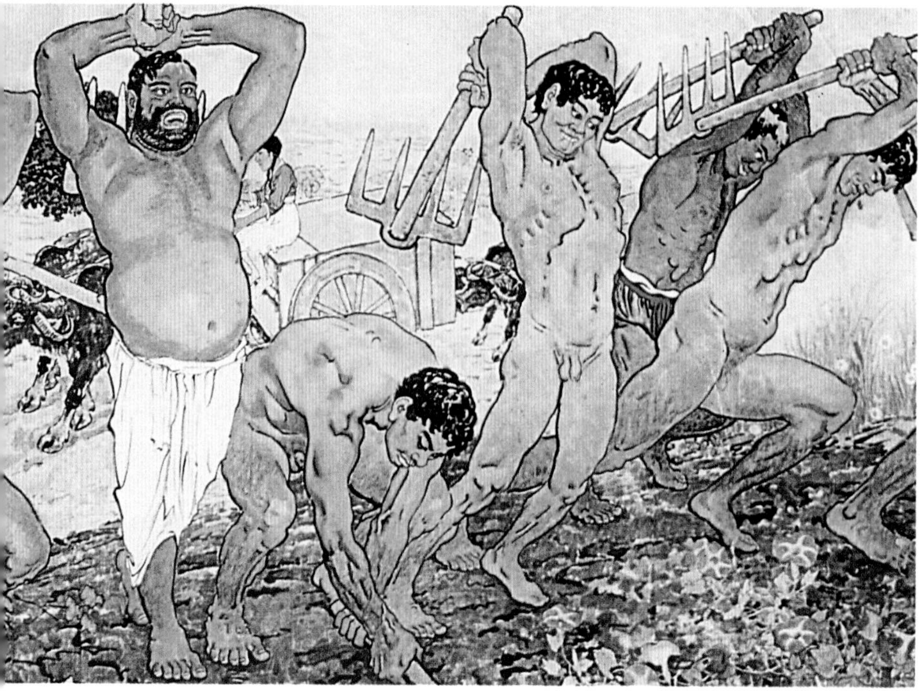

作品欣賞

愚公移山　水墨設色　1940

六朝人詩意　水墨設色　1939

作 品 欣 賞

泰戈爾像　水墨設色　1940

少女像　油畫　1936

國殤　水墨設色　1945

奔馬　水墨　1945

作品欣賞

巴人汲水　水墨　1937

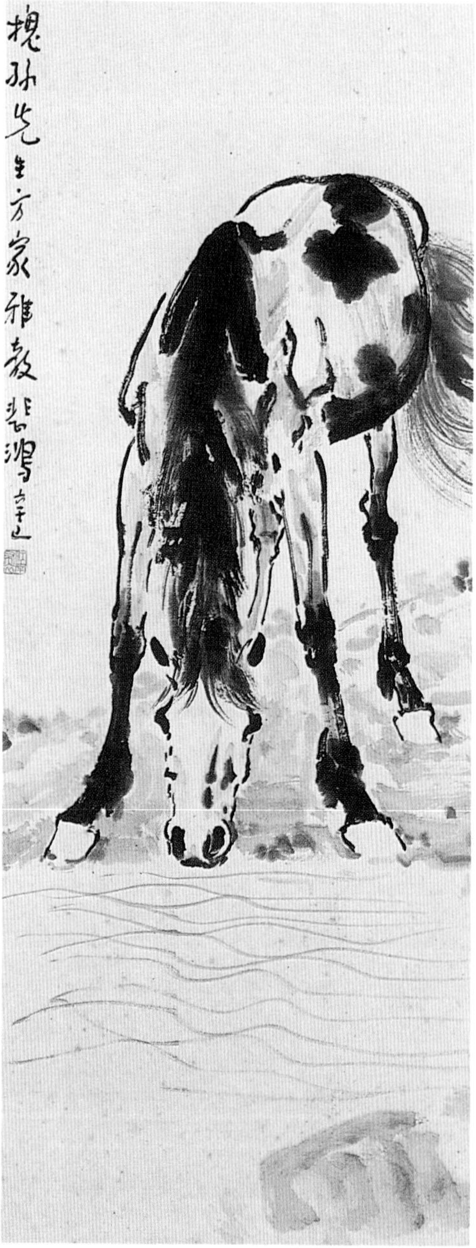

飲馬　水墨　1941

藝術大師◉徐悲鴻

作　品　欣　賞

村歌　水墨設色　1936

群馬　水墨　1940

九方皋　水墨設色　1931

牧童和牛　水墨設色　1931

作品欣賞

簫聲　油畫　1926

1

坎坷的少年

宜興縣，舊名陽羡，位於江蘇省的南部，彷彿是鑲嵌在太湖西岸的一顆璀璨的明珠。境內，青巒疊嶂，秀水縱橫，物產豐富，素有「洞天福地」之稱，是江南著名的魚米之鄉。

清朝末年的宜興，設四鄉八鎮。屺（音：計）亭橋，便是當時全縣的八鎮之一。它地處太湖以西三十華里，依山傍水，蜿蜒的塘河橫貫鎮中。

清光緒二十一年五月二十七日（公元一八九五年七月十九日），就在這個小鎮上一位窮畫師的家裏，誕生了一個男孩，乳名壽康。他，就是後來蜚聲我國畫壇的美術大師徐悲鴻先生。

徐悲鴻先生的祖父名硯耕，在十九世紀中葉的戰亂中，他的房舍被化爲灰燼。爲謀生計，在鎮上擺小裁縫攤，兼種幾畝薄田糊口。

悲鴻先生的父親名達章，自幼愛畫，擅長人物畫。鄰家的佣人、流浪的乞丐，都是他描繪的對象。他的畫，清新瀟灑，吸取了「南派」的筆意；此外，書法也雄健酣暢，在當地頗享盛名。悲鴻先生曾說他父親「無所師承，一宗造物，故其所作，鮮而特多眞氣」。當時縣令很器重達章的才學，但他鄙薄功名，從不肯和官府交往，寧願在小鎭上鬻字賣畫，過着與砍柴、打魚人爲伴的淡泊生活。在達章先生遺留下的《課子圖》中題着一首長詩，其中有「無才濟世懷慚甚，書畫徒將硯作田」之句。這正是他習於淡泊生活的寫照。

達章先生秉性忠厚正直，態度和藹可親。當時有很多人隨他讀書，練習書畫。向他求字索畫者，絡繹不絕。他以誨人不倦的精神著稱，深受當地人愛戴。

可是，由於生活所迫，年僅四十五歲即離開人世。悲鴻先生的母親徐魯氏，是一個善良的農村勞動婦女。沒有讀過書，却精明能幹。她生有三子三女，悲鴻先生居長。由於達章先生早逝，家庭的重擔全落到她一人身上，所以，她的一生可以說是在貧苦和絕望中度過的。

悲鴻先生五歲時，父親教他讀方塊字「上大人」、「孔乙己」，接着念《百家姓》、《三字經》、《千字文》等啓蒙讀物。六歲開始每日誦讀數段《論語》。在書畫氣氛很濃的家庭中，幼年的悲鴻先生對書畫產生了濃厚的興趣。爲不影響他的學業，父親祇允許他練習書法。

揚州有位蔡醫生，酷愛書畫，他帶着比悲鴻先生大一歲的兒子邦慶到來屺亭橋，住在徐家。蔡醫生每天與達章先生研探書畫技藝，孩子們在旁也玩得痛快。邦慶會畫幾筆，這使只可讀書，不得擅自入畫的悲鴻先生羡慕不已。有一次，當悲鴻先生在《論語》中讀到「卞莊子勇」時，便問父親：「卞莊子有什麼勇？」他父親認眞地說：「卞莊子能刺老虎」。對他的發問，父親給予了誇獎。事後，悲鴻先生想畫隻老虎，但苦於沒見過，怎麼也畫不成。只好偷偷地拿了一張方紙，向蔡醫生「求援」。然後，照着樣子臨摹。幾天後，他臨摹的「老虎」被父親發現。則問：「這是什麼？」悲鴻先生得意地說：「老虎。」他父親微微一笑，風趣地說：「此爲一隻狗，怎麼是老虎？你現在務必專心讀書，等你讀完《左傳》再學畫也不遲。」他告誡兒子，當畫家首先要掌握豐富的知識，否則要畫虎類犬的。小悲鴻聽後，很有感觸地點了點頭。

悲鴻先生念完《論語》，父親緊接着教他《孟子》。課餘時間，悲鴻先生時常東塗西抹，臨摹圖畫。那時，他家買不起耕牛，每到農忙季節，就借鄰居的牛犁田，而由他替鄰人放牛或割草，作爲補償。在山崗水湄間，乘牛覓食之際，悲鴻先生則採摘野花玩賞。大自然，陶冶着這位未來的畫家。九歲時，父親正式教他學畫。當時吳友如的《點石齋畫報》風行全國。一到午飯後，他就臨摹一張吳友如的人物畫。當他後來回想起童年學畫的經歷時，總是感嘆地說：「吳友如是我的啓蒙老師。」

十歲時，父親讓他在畫面的局部上色。到了年關，他已能爲同村的農民寫「時和世泰」、「人壽年豐」之類的對聯，同時着手習詩，有一次，他隨同父親坐船由宜興到溧陽，在路上作了一首小詩：

春水綠迷漫，春山秀色含；
一帆風性好，舟過萬重巒。①

一個十歲的少年能見景生情，以清新簡潔的筆調，繪聲繪色地描寫湖光山色，足以反映他具有細緻地觀察生活的能力，體現了他的藝術才華。

悲鴻先生十一歲時，畫技已趨熟練。摹寫家人肖像和村舍、動物等相當自如。在西瓜成熟的時節，他和父親在田頭搭個小窩棚。白天幫人壓蔓、施肥、鬆土，晚上和父親歇息在田間，防備偷盜和刺猬吃瓜。小悲鴻興趣十分廣泛，文武之道，都得一手。他常常提着棍棒圍着村子跑，還不畏寒暑，堅持游泳。在農閑季節或晚上，他鑽進茶館聽書，觀賞地方戲。他非常仰慕小說和戲劇中「替天行道」的英雄豪傑。時以「江南貧俠」、「神州少年」自喻。難怪成年後，他請齊白石刻了一方「江南貧俠」的印章，時常蓋在自己的作品上，以此爲樂。那時，他對動物的興趣也十分濃烈，喜樂搜集一些香烟盒上的動物畫片，研究動物的行走姿態。有一次，他得到一册日本的博物標本畫，欣喜若狂，夜以繼日地揣摩、臨摹。

時間恰似他家門前的河水一樣，緩緩流過，一去不回，而災難却永遠追逐着不幸的人們。悲鴻先生十三歲那年，家鄉猛發大水，莊稼顆粒無收。家裏的生活實在無法維持，他便跟隨父親外出謀生，開始了飄泊的賣畫生涯。

十四歲那年，悲鴻先生繼續隨父親飄泊異鄉，靠給人畫肖像、山水、花卉、動物、屛條、刻圖章、寫對聯等維持生計。有時，也爲廟中畫神像。風餐露宿的落拓生活，絲毫未影響他追求藝術的雄心。他每天看父親揮筆，聽父親侃侃地說古論今，介紹中國傳統的繪畫理論。在那些日子裏，他從父親那裏了解了不少繪畫的理法，並成爲父親的好幫手。

年僅十五歲的悲鴻先生，已和父親跑遍無錫、常州、溧陽等鄰縣的許多村鎮，目睹了底層社會和勞動人民的生活慘狀，激發了他的愛國憂民的情懷。在長期顚沛流離中。父親染上了重病，全身浮腫，父子倆只能返回故鄉。

有一天，悲鴻先生要代表病重的父親去一位親戚家吃喜酒，母親千方百計籌資，爲他縫製了一件綢衫，並說：「我沒有出嫁的時候就養蠶，可是我們全家從來沒有人穿過綢衣。多年來，我有一個願望，要給我的大兒子縫件綢衣。你們在外邊吃苦，我在家省吃儉用總算辦到了。」母親傾吐完憋在心裏很久的心願後，蒼白的臉上浮起一絲微笑。悲鴻異常驚愕地瞧着母親。他發現，母親眼睛裏閃爍着從未有過的激動和幸福的光彩。

「媽媽，把它賣掉給父親醫病吧！」悲鴻喃呢地說。

母親的臉即刻黯淡了，彷彿一個美麗的願望正從她眼前飛逝。她嘴唇顫抖着，說不出話來。悲鴻先生頓時理解了母親的心，乖順地穿上那件綢衫，去赴婚宴。日常生活裏，總有那麼多意想不到的事。悲鴻先生的綢衫竟被不謹愼的鄰座老人用香煙燒破了一個洞。那老人慌忙起身道歉。可是，誰能體驗他的悔恨、懊喪的心情呢！母親以心血縫製的綢衣，難道是可以用簡單的道歉來彌補的嗎？從此以後，他發誓不穿綢衣，不吸香煙。他成名後，常有學生和朋友送給他綢衣，他一概不穿，即使在江南酷熱的夏季，他也只穿夏布衣服。從這件事情上可以看出悲鴻先生的決心和毅力。

悲鴻先生十七歲那年冬天，爲了學習西洋畫，尋求半工半讀的機會，便隻身赴滬，剛巧看到私立上海圖畫美術院的招生廣告，便進該院學習西洋畫，入學後感到一無所得，不久即敗興返鄉。後應本縣和橋鎮的彭城中學聘請，任圖畫教員，靠這來支撑家境。同年，由家庭包辦完婚，娶了一位農家姑娘。

悲鴻先生的父親在病榻上折騰了兩年多，缺醫少藥，終於含恨離去。臨終時，他緊握悲鴻先生的手，叮嚀道：「我們已是兩代畫家了。常言說，後來居上，你應當趕上和超過我，超過我們的先輩。要記住：業精於勤，生活再苦，也不要對權貴折腰，這是你祖父說過的……。」他的話淹沒在急劇的喘息中，那呆滯的眼睛直直地凝視着悲鴻先生。

爲埋葬父親，悲鴻先生不得不寫信向一位做藥生意的小商陶某告貸。他含淚寫道：「……今臨穴有期，欲世伯代籌二十元，使勿却者，則悲鴻鏤骨銘心，願化身犬馬而圖報耳……。」喪儀辦得異常簡單，送葬的只有親戚、朋友和小鎮上的鄰居們。當悲鴻先生看着人們將一鍬一鍬的黃土投向墓穴，埋沒父親的棺材時，他覺得自己也將被埋葬，彷彿周圍的一切都在死去，無限的悲傷侵襲着他。他深深敬愛的父親，不僅教給他各類知識和繪畫技能，而且以自己謙和、淳樸、剛毅、正直的性格影響着他。

悲鴻先生的父親去世後，家裏負債累累，更是難以度日。眼看弟妹衆多的家面臨新的危機，悲鴻先生只得另想辦法。他除繼續任彭城中學圖畫教師，又兼任了兩個學校的圖畫課，一是宜興城裏的私立宜興女子中學附設女子初級師範班，一是和橋鎮的私立始齊女子小學。三個學校相距三十餘里。在舟楫如梭的江南水鄉，坐船相當方便也最省錢，但悲鴻先生捨不得花這些錢，寧可徒步往返。天不亮就動身趕路，全程五六十里，風雨無阻。在那時的學校裏，學生和教師多爲富豪子弟，很瞧不起出身寒微、沒有受過正規學院訓練的悲鴻先生。在冷眼的包圍中，他渴望深造的機會。他發誓要做出一番事業，實現父親的遺願。

不久，他的好友，原彭城中學的徐子明，已在上海吳淞中國公學任教。悲鴻先生將自己的作品寄給他，並托他找個職業。他將悲鴻先生的作品推薦給復旦公學校長兼中華書局外文部主任李登輝。李對悲鴻先生的作品十分讚賞，同意安排悲鴻先生的工作。於是，徐子明寫信給悲鴻先生，催促他趕快來上海。臨行時，女子初級師範班的國文教師張祖芬送悲鴻先生一部《韓昌黎全集》。他語重心長地對悲鴻先生說：「像我這樣爲了養家，靠教書賺些錢的人，一直要教到死爲止，這已是注定的了，但你年輕有爲，怎可以一世耽擱在這裏？以前我知道你的負擔很重，所以不敢勸你遠行，免得擾亂你的情緒。現在，你已下定決心，將來的成就正未可限量，望你珍重自愛！」頓了頓，他又加重語氣說：「做人不可有傲氣，但不能沒傲骨。我沒有什麼東西可贈你，就送你這兩句嘉言吧！以此與君作別。」悲鴻先生懷着感激的心情，銘記這兩句嘉言，奔赴上海。

注釋

①黃養輝《徐悲鴻的生平和書法藝術》見《書法》一九七八年第三期。

2

在上海半工半讀

一九一五年夏末，不滿二十歲的徐悲鴻先生，身著重孝，含淚拜別家人，帶着家鄉的泥土氣息奔赴「不夜城」——上海。

在上海，徐子明把他引薦給李登輝，李登輝見悲鴻先生身材瘦小，土里土氣，露出瞧不起人的神情。後來，他向徐子明談了對悲鴻先生的印象：「此人不過是一個小孩子罷了，怎會做事呢？」徐子明辯道：「只要他有才藝，不必問他年齡大小。何況他有上進心，不滿意原來的工作，方到上海邊謀業，邊進修的。你爲何對他有偏見呢？」李登輝聽了默不作聲。

這年的暑假，徐子明赴北京大學任教，初來乍到的悲鴻先生，失去好友的照顧，猶如斷線的風箏飄落在異鄉。他多次投書於李登輝，但都石沉大海。

找不到職業，悲鴻先生只得在上海四處流浪。在那秋風瑟瑟，淫雨霏霏的日子裏，悲鴻先生一籌莫展。不得已，他脫下那件長衫，送進當舖換了四百文，勉強維持了三天。正當他走投無路之際，徐子明來信了，再次介紹他去商務印書館找《小說月報》的主編惲鐵樵，希望能在那裏爲悲鴻先生安排一個每月計酬二三十元的小差事。這時，悲鴻先生結識了商務印書館交際員黃警頑。黃代他給惲鐵樵打了電話，而惲只托人捎來了口信：「今天有事，請他明天下午下班前到編輯部會客室等一下。下班以後會他。」第二天悲鴻先生懷着忐忑的心情前來拜見惲鐵樵。惲祇是反復端量了悲鴻先生的畫作，隨後說：「商務出版的教科書需要插圖，請你先畫幾張樣子來，看一下。」回到梁溪旅館，悲鴻先生根據惲的要求下筆，祗用了兩天時間，就交出了畫稿。當惲鐵樵審閱了畫稿後，滿意地說：「你畫的人物畫比別人的好！十之七八，沒問題，你可等幾天來聽回音。」不幾天，惲鐵樵給了答覆：「事情非常順利。另外，不幾天你即可搬來，在此吃住，費用也頗省。夜間尚可學習法文，眞是一大喜事。爲此，我向你表示祝賀。」聽完這席話，悲鴻先生喜出望外。回旅館後，他匆匆地寫了幾封信，向友人報告佳音。正要發信，惲鐵樵倉促登門，遞給他一個紙包。他急忙打開，原來是商務編輯所的莊百俞給惲鐵樵的一張紙條，說悲鴻先生的畫，線條太粗，不宜採用，請予退還。惲鐵樵進而解釋說：「國文部的三位主持人——莊百俞、蔣維橋和陸伯鴻。蔣、陸兩位通過了，唯莊百俞不同意，說是線條太粗。而我是不在其位，不謀其政，愛莫能助呀！」惲的話猶如晴天霹靂，使悲鴻先生一時不知所措。他的盤纏早已用完，把舖蓋也搭上了，還欠了旅館四天的房錢。兩天前，老板就不允許他再住，並扣留他的箱子作抵押，他被迫在旅館門前的台階上過夜。夜間，巡捕時常來找麻煩，令人不堪忍受。在那秋風秋雨之夜，黑暗沒有盡頭，饑寒交迫的境地。逼著他產生輕生的念頭。轉念間，他想起了曾經多次接待他的新朋友黃警頑，他決定向黃告別。

翌日清晨，商務印書館剛開門，悲鴻先生帶着沮喪，憔悴的神情步入店堂，向黃警頑陳述了自己的遭遇。

「我無顏見江東父老，在上海，我舉目無親，只有你一個朋友，永別了！」①掩面衝出門外。

起初，黃警頑還蒙在鼓裏。繼而一想，他悟其意，迅速追了上去，可是悲鴻先生的身影已滙入茫茫的人海中。在外灘，他尋視良久，終於在新關碼頭（今上海海關）附近，發現了那徘徊不定的悲鴻先生。黃上前一把拉住他，悲喜交加地責怪道：「你想幹什麼？書呆子！」悲鴻先生一陣哽咽。在瞬息的對視間，彼此無需言表，眼眶中撲簌簌的熱淚代替了一切。隨後，黃警頑將悲鴻先生帶回商務印書館發行所。晚上他倆擠在商務印書館集體宿舍裏的小床上，湊合着睡。午飯，悲鴻先生在發行所的飯堂裏，坐在黃的「包位」上吃；早飯和晚飯，黃供他一個銅板，在外面買些大餅、粢飯團充饑。有了一個棲身之地，悲鴻又鼓起新的勇氣。從此，他天天上商務發行所閱讀美術書籍。在那短短的一個月裏，他還通讀了一套林紓翻譯的小說。大量的美術書籍和外國文學作品開闊了他的視野。有時，他也到高劍父、高奇峰開辦的審美書館，查閱各種彩印圖畫。那裏收藏有數量相當可觀的名畫複製品、各種屏條和仕女月份牌等等，增進了他對當時商品繪畫的了解。那時，上海有個精武體育會，正提倡武術和體操運動，但缺少體操掛圖。經黃警頑與中華圖書館聯繫，決定出一套體操圖解，由悲鴻先生繪圖，交稿後，得到三十元稿費，這是悲鴻先生作畫以來第一筆「巨額」收入。這本小册子出版後，未署繪畫者的名字。不久，悲鴻先生又爲審美書館畫了四幅春夏秋冬五彩花鳥屏條，畫上落了款。後來，他又繪製了月份牌用的仕女圖，以及大幅水墨鍾馗像等，但多未被採用。過了一段日子，悲鴻先生在商務印書館美術部畫家徐永青陪同下，拜訪了上海背景畫傳習所創辦人、油畫家周湘。周和徐一見如故，暢談了一下午。彼此學術上的見解比較相近。能得到周先生的賞識，悲鴻先生很高興。第二次去拜訪時，他帶上自己幾幅中國畫和西洋畫。周先生鑑賞了他的作品後，驚嘆悲鴻先生那嫻熟、獨特的表現技法。他預言：憑悲鴻先生現在的功力，祗要再下苦功，用不了多久，即可成爲一鳴驚人的畫家。興嘆之餘，周先生取出他的收藏和自己的歷年作品，任悲鴻先生盡情飽覽。使這位青年畫家大開了眼界！

初冬，經黃警頑的介紹，悲鴻先生又結識了一位名叫阮翟光的商人。當這位商人目睹悲鴻先生的作品後，既驚訝又佩服。當即提出，若悲鴻先生在黃處居住不方便，可搬往他的商店裏，並介紹一個姓高的錢莊小老板和幾個錢莊學徒從師悲鴻先生，一周三次，每月計酬十幾元。爲了生活，悲鴻先生答應下來了。

悲鴻先生嘗夠了世情凶險，但有時也有例外，這時，故鄉的朋友法德生，在家鄉和橋爲悲鴻先生召集一個會議，募集到幾十塊錢，悲鴻先生欲將此款作爲路費去北京找徐子明。在那艱苦的環境中，悲鴻先生一直未停畫筆，悲鴻先生又爲史先生揮灑了一幅水墨丹青。史是法德生的朋友，曾幫助悲鴻先生。將畫裝在畫框後，托同來滬的友人唐先生轉交，這位唐先生，是開設繭行的。

一天，唐先生有位名叫黃震之的朋友來旅館拜訪他，恰巧唐不在。黃震之煙癮很大，馬上臥在烟榻上抽煙。當他偶見牆上懸掛的那幅悲鴻先生贈給史先生的畫時不知作者何人，但竭力稱讚。正在旁邊收拾行李、預備第二天北上的悲鴻先生聽了只有唯唯稱是。黃向悲鴻先生打聽此畫的作者，悲鴻只好道出了實情。黃震之聞言肅然起敬，讚嘆地說：「老兄這樣年輕，又有這本領，眞是難得！此畫可否割愛？」悲鴻先生爲難地回答：「這幅畫已經送人了。」黃震之又問：「可不可以另畫一幅給人，這一幅贈我？」悲鴻先生思忖了一下道：「我明天就動身出門了，沒有工夫再畫。」黃探問悲鴻先生去向和打算，悲鴻先生將赴京尋友的意圖告訴了他。黃震之說：「北方這時已下了大雪，你衣服這樣單薄，怎可以禦寒？不如留在上海，慢慢等候機會，以求發展。」悲鴻先生沒有答應他。

彼此正無言以對時，唐先生回來了。悲鴻先生也要外出買些零星物品。晚上，唐先生和悲鴻先生商談：「黃先生很想留你在上海，他可以介紹許多朋友請你作畫，這樣可以不愁生活了。」又說：「黃先生是個大商家，交遊廣濶，一定能幫助你的，」悲鴻先生頗感盛情難却，便答應留下。

在今日「新世界」附近，早年開設着一家「暇餘總會」，名爲「總會」，其實是一個賭窟。在舊上海以這類名義開設的「總會」很多，都是有錢人作樂的場所。總會中有間小房，是黃震之先生的抽煙室。每到下午四、五點鐘，賭客們接踵而來，一玩就是個通宵。黃震之也常在午後來此湊興，賭得疲倦了，就借煙提神。悲鴻先生就在黃的煙室裏落脚，每天從早晨到下午三點，乘賭客不在時作畫。賭客一來，他就外出逛書店、觀街景，以此聊補「無奈之獲」。但寄人籬下，吃「嗟來之食」終非長久之計。悲鴻先生準備待機留法。每天晚上他到附近的寰球中國學生會去補習法文。

年末，「暇餘總會」裝修內部，準備在新年裏大賭特賭，悲鴻先生祇得遷往商務印書館黃警頑的宿舍暫住。誰知黃震之在商業和賭場中雙雙失利，險些破產，「暇餘總會」不再聽黃的調遣。悲鴻先生也因而失去了一個安身之地，生活再度陷入困境。

在這前途未卜之際，悲鴻先生抱定「有我，就得追求藝術」的信念，以駿馬精神自勉，頑強地和命運搏擊。他含憤畫了一匹駿馬，投寄給審美書館的高劍父、高奇峰。不幾天，高劍父覆函悲鴻先生，對他的得神之筆大加讚譽。信中說：「雖古之韓幹，無以過也。」爲了表示惜才之情，打算破例出版悲鴻先生的駿馬圖。讀信後，悲鴻先生無比興奮。他又一次拜見高奇峰先生。在高先生那裏，他訴說了自己的不幸遭遇，並希望得到幫助。高奇峰慨然表示：「現在工作難找，祇好請你再畫四幅仕女畫。」在歸家途中，悲鴻先生一面構思畫稿的布局、基調，一面赴震旦大學探聽考試的消息。事出所料，他被錄取了。那天，正值舊曆除夕，滿目桃符更新，鑼鼓喧天。想到將要成爲震旦的學生，又想到完成高先生之托後，可獲稿酬緩解困境時，悲鴻先生的胸中湧起了希望的浪花。

然而，現實又是嚴峻的，作完四幅畫得花一個星期，而他身上僅剩幾個銅板，維持不了幾天。每天清晨，他祗花一個銅板買一團粢飯，當作三餐之食。第五日，錢盡糧絕，又難以啓口再向黃警頑求助，悲鴻先生祗好忍飢揮毫。一畫完，他就冒着大雪，趕往審美書館，可高先生不在，他祗好將畫托人轉交。回來時，他不得不當掉穿在身上的單衣。那種滋味，眞可謂度日如年啊！

悲鴻先生進入震旦讀書，黃警頑、黃震之等人替他代付了四元學費和四十元伙食費。為不忘記友人黃警頑、黃震之的支持，入校時，悲鴻先生就改名為「黃扶」。有一天，震旦大學校長恩理，詢問悲鴻先生的身世和學歷，悲鴻先生不禁悲泣哽咽難言。恩理見他穿喪服，關心地問他：「家喪何人？」悲鴻先生敍述了喪父的經過。恩理很同情悲鴻先生的不幸，溫和地安慰他說：「如學費不足，可緩交。祇要肯學，則可忘掉悲痛。」

這回悲鴻先生眞的有書讀了！不過他祇想學法文，對其他功課僅作一般了解。在一個星期四的下午，悲鴻先生正全神貫注地作畫，忽然收到高奇峰的來信。拆開一看，除一翻鼓勵、讚揚的話之外，還附上了一張五十元的稿費單。他急忙丟下畫筆，奔向郵局，隨即又趕往阮翟光處還債。熱心的阮翟光又約集數友，邀悲鴻先生課餘教畫。從那時起，每月的收入固定了，再加上售畫所得，悲鴻先生擺脫了衣食無靠的困境，開始了半工半讀的生活。

一九一六年的三月下旬，上海哈同花園（愛麗園）的倉聖明智大學在報上公開徵求倉頡像。悲鴻先生懷着好奇心應徵，竟錄取了。哈同花園的總管姬覺彌，十分賞識悲鴻先生的繪畫才能，聘請他任倉聖明智大學美術教授兼園內的美術指導，條件是悲鴻先生要住在園內。悲鴻先生審慎地說：「我因學業較重，不能馬上來園，如蒙不棄，可於暑假期間，來園爲先生作兩個月的畫，」姬覺彌欣然同意。

有一天，悲鴻先生在同鄉朱了洲的陪同下，拜會了在上海任教的同鄉蔣梅笙先生。他是老舉人，精通國學，見悲鴻先生談吐脫俗，落落大方，深爲喜愛。悲鴻先生也很欽佩蔣先生的詩章。悲鴻先生很快成了蔣家的常客，蔣家老少都十分喜歡他。尤其是那十七歲的二女兒蔣棠珍（即碧微），將悲鴻先生當傳奇式的人物。

暑假，悲鴻先生住進哈同花園。在園裏，姬覺彌在悲鴻先生作畫的空暇中，經常和他聊天。有一次，他抱着歉意和感激交集的心情說：「先生來此，夏日炎炎，每天從早勞累到晚，眞是於心不安，不知應當怎樣酬謝才好。」悲鴻先生謙和地回答：「爲文作畫是我的事業，倒也不覺勞累。一個靠賣畫自給的貧苦學生，承蒙青睞，現在能居名園，聞鳥鳴，看花放，能終日作畫，這便是最好的報酬。我的志向是留學法國，探索藝術源流，等歐戰結束，請先生助我赴法留學。」②姬覺彌被悲鴻先生執着地追求藝術的精神所感動，答應了他的要求。

當時，園中除設立倉聖明智大學之外，又設廣倉學會，經常邀請名流學者授課。有一天，姬覺彌陪康有爲路經悲鴻先生的住處，康突然發現玻璃窗上隱隱約約的字迹，停步細瞻，但見那字體渾樸、蒼朗。他讚聲不迭，隨即向身旁的姬覺彌詢問書家的姓名，姬覺彌原原本本地告訴他。康有爲大爲驚詫。於是，姬覺彌將悲鴻先生請出，彼此在窗外晤談。悲鴻先生頗受康有爲的青睞。這次晤談後，康有爲收悲鴻先生爲弟子。悲鴻先生從康有爲那兒，見識了大量的書畫碑帖，都是精品佳作。有時他和康有爲談論書畫藝術，現欽佩康精闢獨到的見地，尤其信服康有爲「鄙薄四王，推崇宋法，務求精深華妙，不取士大夫淺率平易之作」的觀點。康有爲的這些書法藝術見解，對悲鴻先生以後的藝術風格形成，產生了一定的影響。在那些日子裏，悲鴻先生爲康先生的已故如夫人何旃里和他的全家人作了像。在康先生的家中，悲鴻先生拜識了一些康的親密朋友，如外務部尙書、軍機大臣瞿鴻禨和書法家沈曾植，及王國維、鄒安、陳散原、沈美叔諸先生。藉此機會，悲鴻先生向這班老前輩求教了書法之道，將經石峪、興龍顏、張猛龍、石門銘等碑帖臨摹了數遍。在哈同花園，他博覽廣取，涉獵面很廣，不僅豐富了國學方面的知識，而且飽覽了國中大部分珍藏，如古今中外的圖書、繪畫、金石、古玩、碑帖、雕刻等。這一切，彷彿將他帶入藝術寶山，令他目不暇接，他竭力吮吸着藝術乳汁，書畫造詣大爲長進。

一九一七年春天，悲鴻先生的夫人病逝，悲痛沉痛之餘，隱隱地憤慨：封建制度吞噬了這個不幸的農家姑娘……

有一天，蔣梅笙向老伴誇獎悲鴻先生的人品才貌，轉而又感嘆地說：「要是我們再有一個女兒就好了。」他的大女兒已嫁到程家，二女兒棠珍十三歲時就和查家訂了婚。如果再有個女兒，就可嫁給悲鴻先生了。蔣老先生的話，如春風拂到棠珍的耳際，心中似有小鹿在撲騰。一天早晨，蔣母爲棠珍梳辮子，悲鴻先生在旁一邊看，一邊和蔣母聊天，蔣母對悲鴻先生說：「這孩子早是查家的人，明年查家就要來迎親了。」棠珍聽了不覺一驚。梳好了頭，蔣母下樓作飯，悲鴻先生也下樓去。屋裏祇留棠珍一人，她忍不住滿懷的怨恨，伏案抽泣。正好悲鴻先生上樓來取那塊忘記在屋裏的手帕，見棠珍在哭，他會意地拍拍她的肩膀說：「不要難過。」顛沛流離了多年的悲鴻先生，一旦生活安定，心情也變得舒暢了。對於棠珍這位貌可入畫的姑娘，產生了愛慕之情。

沒等七幅倉頡像畫完，羅迦陵就答應資助悲鴻先生一千六百元，讓他留法深造。蔣棠珍見悲鴻先生要走，也下定決心，不顧一切，與悲鴻先生一道出走。

注 釋

①黃警頑《回憶徐悲鴻在上海的一段經歷》《文化史料》（叢刊）第一輯，一九八〇年八月出版。

②徐悲鴻《悲鴻自述》《良友畫報》第四六期，一九三〇年四月出版。

3

從日本到故都

第一次世界大戰期間，上海到法國的航線中斷。這樣，悲鴻先生赴巴黎留學的設想化爲泡影。然而，他和棠珍的關係又必須馬上解決。悲鴻先生決定，先到日本考察美術。

五月十三日，他給棠珍一封密信，約她當晚悄悄離家，雇一輛黃包車，去愛多亞路長發客棧找他。那晚，蔣母在鄰家打牌，蔣父與客人在樓上談話。棠珍將早已擬好的信放在擺錢帳的抽屜裡，信的大意是：深感人生乏味，頗想自殺。

棠珍空手出門，雇了一輛黃包車，直奔長發客棧。悲鴻先生見她如約而至，不禁大喜。隨即將她轉住另一家客棧。晚上，悲鴻先生給棠珍戴上了刻有「碧微」字樣的水晶戒指。從此，蔣棠珍即改名蔣碧微。五月十四日晨，太陽還沒有升起，在朱了洲的陪送下，悲鴻先生偕碧微登上了日本的博愛丸輪船。不料船剛出海，便碰上了惡劣的天氣。從窗口向外眺望，滾滾烏雲，迭在海天之間；狂風呼嘯，怒濤衝擊著船舷，船身像搖藍一樣上下顛簸。不久，悲鴻先生感到頭昏、嘔心，祇能躺在艙裡。風浪平息後，他勉強站起身來，瀏覽一下海上的風光。他幾次拿起畫筆，想速寫幾張掠浪飛翔著的海鷗，總因頭暈眼花，手不由已。

船抵達長崎，悲鴻先生和碧微登岸後轉乘火車，直達東京。初來東京，語言不通是一大障礙，辦事處處不便。幸好遇見了幾位相識多年的朋友，幫他租到一間六平方米的小房子。樓上三間，住的全是中國的留學生，其中有位姓楊的，是當時新疆督軍楊新增的兒子。每天，房東太太親自送飯，通常是兩菜一湯，白米飯一桶，放在一只小方漆盤中，盤下有四支矮脚，落在地面就是一張小方桌，吃飯時席地而坐。他們不習慣這種吃法和口味，因而常去中國飯館就餐。

然而，不懂日語總是不便，他們請了一位家庭日語老師，但這老師不懂中國話，授課時，用書寫方法交流。另外，悲鴻先生還教碧微練字，臨寫《鄭文公碑》。碧微很喜歡日本的練字紙。她每天練完字都細心地保存好。回國時，一扎扎的放在地上，足有二尺多高。

爲了不讓別人知道他們是私奔來日的，蔣碧微改名爲鄭碧微。樓上住的三位中國留學生，似乎知道了他們的秘密。姓龔的學生時常從樓上朝下喊：「老徐！你們宜興有位蔣梅笙，你知道嗎？」「梅笙」是蔣碧微父親的號，碧微聽了以後，不免有些心驚肉跳。

下宿附近的街市，雖不像銀座、新宿那麼熱鬧，但是書店林立。晚上，馬路兩旁的人行道上，臨時書攤更是比比皆是。行人經過那裡，如同遨遊在書的海洋中。悲鴻先生除吃飯以外，幾乎把全部時間都花費在瀏覽書店。當時，日本的印刷術發達，所出版的藝術書籍相當豐富，包括原畫的仿製品。悲鴻先生視爲至寶，愛不釋手。碰到合意的，就不計價錢，買下再說。有時候，碧微也陪他一起選書。

日本明治維新以後，在美術上已漸脫積習，師法自然，力求達到博麗繁郁的境地，而花鳥畫尤擅勝功，幾乎可與中國的徐熙、黃荃、趙昌、易元吉媲美。這些，不能不歸功於沈南蘋。不過，日本人的畫看起來只是華而薄，其實少韻，濃淡也缺乏節奏，悅目有餘，却無蘊藉之風。這時候，名畫家嗣治廣業還健在，悲鴻先生很喜歡他的作品，但無緣拜識。在一段較長的時間裡，悲鴻先生深入書店、博物館，研究了日本美術發展的淵源，通過比較鑒賞，辨明了日本繪畫的優劣，他還拜訪收藏家，臨摹前人名作。他特別喜歡日本浪漫主義畫家，該派借取西方的技法（如透視學、解剖學和色彩學等），來表現東方的內容。如中村不折的《蘇武古節》、《賺蘭亭》和《醉李白》等歷史題材代表作。後來，徐悲鴻先生的《田橫五百士》和《徯我后》等描寫歷史題材的作品，都在一定程度上受了日本畫家的影響。有些書店和書攤，專門出售俄國和西歐的讀物和美術印刷品，悲鴻先生在那裡採集了不少彩色畫片，購買了相當可觀的參考資料。悲鴻先生又從日本的美術雜誌《國華》、《日本美術》、《美》、《方寸》、《白樺》和《中央美術》上，進一步了解到日本近代美術思潮，悲鴻先生學會了借鑒某一國家或某一流派繪畫風格、技巧的方法，爲日後留法打下了基礎。

悲鴻先生在東京住了半年，旅費和生活費用雖花得不多，但買書買畫卻花費了大量的錢，帶來的二千塊銀元差不多用完了。十一月間，他們從東京回到上海。

在上海，悲鴻先生拜見了康有爲。康說：「現在歐戰正緊，你既不能啓程赴法，最好還是先去趟北京，看看能否弄到一個官費名額。將來出國，你們兩個人的生活就可以過得寬裕些。」康有爲給悲鴻先生介紹了幾位朋友，並親自寫了幾封信帶上。十二月，他辭別康有爲。乘海輪到天津，再轉火車到北京。在北京的東城方巾巷，他和華林見面，兩人同住在一個院子裡。然後，他拿著康有爲的介紹信，去羅癭公處。羅是康有爲的大弟子，與樊樊山、易實甫爲當時北京的三大名士，在政、教兩界享有名望。羅癭公夫婦熱情接待了悲鴻先生，當即寫信給教育總長傅增湘，請他爲悲鴻先生留一個公費名額。傅是藏書家，又愛好詩。他和悲鴻先生一見面就提出：「聽說你精通繪畫，請帶一、二件大作來觀看。」①次日，悲鴻先生便把自己的繪畫送往教育部。幾天後，傅對悲鴻先生說：「你可住京稍待，只要停戰開航，就馬上派你以官費生的資格，去法國留學，繼續深造。」②

留學有希望了！爲了等待第一次世界大戰結束，悲鴻先生在北京住下。

繪畫講究「畫外之情」，廣收博取可觸類旁通。悲鴻先生經常尋訪山水名勝、名寺古剎，也常參觀故宮博物院和私人收藏，以此開濶視裡，兼聚名門之長。

當時，羅癭公和易實甫等一班名士都愛京戲，並喜歡捧名角，以盡風雅。他們每天包下戲院頭幾排座位，邀些親朋好友同來觀看，悲鴻先生在被邀之列。羅癭公欣賞程派的青衣委婉，更偏愛梅派的飄逸。一次，羅癭公和悲鴻先生看完了《天女散花》後，一同去梅蘭芳的書房「綴玉軒」。梅蘭花第一次見到這位精通中西繪畫，自稱爲「江南徐生」的畫家。幾句寒喧過後，便向他求畫。悲鴻先生被梅蘭芳如雲若水的表演藝術所傾倒，能爲他作畫，當然是件美事。悲鴻先生向梅索取實物作參考，梅找出一張《天女散花》的劇照送給悲鴻先生，並對他說：「這張像片可以參考，賦色隨您便，不必拘泥。」徐悲鴻先生花了幾天時間精心構思，一幅別具一格的四尺立軸欣然脫手。在畫上，他還題賦一首：

花落紛紛下，人凡寧不迷；

莊嚴菩薩相，妙麗藐神姿。③

當羅癭公將這幅《天女散花圖》送給梅蘭芳時，梅忘情地讚嘆道：「這張畫，開臉參用西法寫眞、衣紋、線條勾勒是中國的畫法，部位準確，色彩調和，最有趣的是面貌畫得像我，而眼睛『分眼』，又像徐先生自己，請您在畫上也給題幾句，我要寶而藏之。」④羅癭公就在畫心題了一絕：

後人欲識梅郎面，無術靈方更駐顏。
不有徐生傳妙筆，安知天女在人間。⑤

一九一八年三月初，華林察覺了悲鴻先生經濟上的窘境，推薦他去找北大校長蔡元培先生。他倆相見，意趣相投，加上藝術觀點又不謀而合，眞是如魚得水，難捨難分。當時，蔡先生創辦的畫法研究會剛剛成立，正苦於師資不足。現在，遇上悲鴻先生這位中西畫藝兼備的畫家，當然是求之不得。他當即聘請悲鴻先生爲畫法研究會導師。

三月八日，悲鴻先生出席畫法研究會第一次導師會議，討論教材和教學法及其分工。他負責教授人物畫和水彩畫，每周教授一次。三月二十八日晚七時半，悲鴻先生在北大理科第一教室，出席畫法研究會春季始業典禮大會。蔡元培宣布畫法研究會開業後，將陳師曾、賀履之、徐悲鴻、湯定之、李毅士、錢稻孫、貝季眉、馮漢叔等八位導師一一介紹給學畫的會員，並依次請各位導師介紹各類畫種的入門方法。悲鴻先生作了關於怎樣學習西洋畫的發言。他介紹了西洋畫的流派、技法，鼓勵在座的會員說：「在中國而學西洋畫，參考資料雖有限，但是不必因此而灰心。學畫的人無論從何種對象入手，都必須注意於形體的異同和黑白的分明，這樣就不會誤入歧途。」⑥理雖簡單，但卻是他的經驗之談。

四月日一悲鴻先生第一次指導會員練習水粉畫。他把自己所藏的幾張畫稿，借給會員們參考。他那和藹可親的態度、平易近人的教風，受到會員的尊敬和愛戴。畫法研究會還定期舉辦談話會，每次由一位導師主講美術理論和美術界所存在的問題。在五月十日的談話會上，悲鴻先生作了富有膽識的演講，題爲《中國畫改良之方法》⑦。他開頭就指出：「中國畫學之衰弱，到今日已達頂點，凡世界文明照理不應倒退，唯獨中國的美術事業則在倒退，它比二十年前退五十步，比三百年前退五百步，比五百年前退七百步，比七百年前退八百步，比八百年年前退一千步。」接着，他又指出中國美術倒退的原因是「曰唯守舊，曰唯失其學術獨立之地位」，並提出了改革的宗旨：「古法之佳者守之，垂絕者繼之，不佳者改之，未足者增之，西方畫之可採入者融之。」同時，他就各類畫種，提出了具體的改良方法。關於風景畫的改良，他說：「當夏秋之際，奇峰陡起於會中，此剎那間，奇美之景象，中國畫不能盡其狀，此爲最遜色歐畫之處，雲彩貴飄渺，而中國畫，加以勾勒，去古不遠，比眞無謂，此應改作烘染」。談到人物畫的改良，他說：「我向主張學畫不必拘派，人物尤不必拘派，吳道子甚迷信，他想像所作的印度人，均太矮，身段尤無法度，於是畫聖休矣！陳老蓮本以人物著名，其作美人畫，均廣頷，我們則不能苟同，其作老人則是侏儒，但不是中國侏儒，而是日本之侏儒也，其人所穿衣服，則不論春夏秋冬，皆以生絲製成之衣，双目小而緊鎖。面孔一邊一樣，鼻傍加一筆，但後人竟拋棄良智而學之。其所寫人物完全不依法度，不是指少一節，便是臂腿如直筒，不是身不能轉，便是頭不能側視和手不能向畫面而伸。無論是童子或青年，一笑就老，無論是少女或青婦眼眉即醜。半面可見眼角尖，跳舞強藏美人足，凡此種種，倘不改正，還成什麼畫學？既要改正，又要進步，還能管它何家何派。」⑧他主張「揚中外之長，棄中外之短，吞吐融渾，自成一家，開創一代新畫風」。這些厚今薄古、洋爲中用的觀點，爲中國美術界吹進了一股新風，有着理論上的開拓意義。

轉眼一個學期結束。六月二十三日上午十時，畫法研究會在理科第一教室舉行春季休業大會。這一天，研究會所有成績統統陳列于習畫室及會場，任人參觀。悲鴻先生和蔡元培於十時前首先到達會場。在他的陪同下，蔡先生觀摩了會員的作品，對會員所獲得的成績，給予高度的評價。他讚賞悲鴻先生教學有方，爲北大增添了光彩。這次大會，開得隆重熱烈，盛況空前，給北大的各科師生留下了深刻的印象。

暑假期間，北大爲增加師生的野外活動和避暑起見，發起組織了「西山旅行隊」，可自由報名加入。報各者達九十餘人，悲鴻先生也加入了這個團體。根據蔡元培的指示，旅行隊共分四部，一是採集部，範圍是採集標本；二是測繪部，範圍是練習實地勘測；三是圖畫部，範圍是練習野外寫生；四是記述部，範圍是練習中西文學，包括演講補習功課等教學內容。

七月二日，悲鴻先生率領「西山旅行隊」赴西山避暑，並携帶大量美術作品，主持「西山圖畫部」。參加學畫的學生有杜岑、黃耀華、鍾勁柏、曾同春、周德昌、周吉春、梁彬文、潘之耿、蔡鎭瀛、陳君慧、呂炳水、林飛熊等十二人。每周教畫六小時，每周一、周三下午四時至六時和星期五下午六時至八時給同學們講課，並隨時指導學生寫生。在西山，悲鴻先生畫興勃發，創作了大量的美術作品，國畫《西山古松柏》、《晴嵐翠嶂》等，就是這個時期的作品。

秋季開學後，畫法研究會繼續活動，並發展新會員，悲鴻先生繼續擔任導師，會員增至七十餘人，其中四人跟從悲鴻先生學習人物畫，二十二人學習水彩畫。每周他指導會員作畫一次，並在每周的談話會上舉辦一次講座。

悲鴻先生的父親以誨人不倦的精神，博得左右鄉鄰的尊敬，悲鴻先生也是這樣．他指導學生作畫嚴格認眞，經常見縫揷針地擠出時間輔導，十一月十五日上午，北大學生參加遊行，下午放假休息．悲鴻先生知道後，就利用下午這段時間，召集他的學生，帶上畫具到習畫室練習水彩畫。他在畫室來回巡視，對每一個會員提出的問題，由表及裡地解說。當某些學生在着色和結構上遇到疑難時，他不厭其煩地加以解說，並親自示範。繪畫練習從下午一時至六時結束，整整用了五個小時。這次，有十二個同學的習作，獲得了好評。

十月間，悲鴻先生聽說教育部派在北大任教的朱家驊赴歐美考察的消息後，馬上去請願要求赴歐。想不到教育部長傅增湘却用官腔敷衍推諉。悲鴻先生很氣憤地責問道：「爲何朱家驊能赴歐，而我却不能成行？」傅頓時語塞，過了一會兒，他慢條斯理地說：「歐戰還沒停止，何必這麼着急呢？」回家後，悲鴻先生怒氣未消，又憤然致函傅增湘，指責他言而無信，措辭相當尖銳．十一月，第一次世界大戰結束，傅增湘仍在教育部長位上，不少學生都去教育部申請官費出國留學．這時，悲鴻先生已不好意思再找傅增湘。後經蔡元培致函傅增湘，傅才在十二月中旬批准悲鴻先生以官費生資格赴法國留學。

一九一九年元旦上午十時，悲鴻先生出席畫法研究會爲他舉行的歡送會，到會者有導師陳師曾、蓋大士、馮漢叔、李毅士、賀履之，另有北大教授王心葵、紐倫、劉調虎、沈尹默，出席會員共五十餘人，校外會員黎錦暉也趕來參加。會上，幹事陳邦濟致歡送辭。他說：「徐先生爲我國美術界難得之人才，於本會尤多所盡力」·接着，悲鴻先生致答辭：鄙人於畫會少所建樹，愧不能盡其綿薄，承諸位一言其得失·凡美術之發達，必賴其倡造之機關。今大學之畫會，一美術倡導機關也。學者更能於所學上竭一生精力以研究，即並駕歐美名家亦非難事。發達又其餘矣」⑨陳師曾在致辭中說：「希望悲鴻此去，溝通中外，成一世界著名畫家。今日別無所贈，謹手治小印一方，乞笑納之。」②致辭完畢後，王心葵爲大家演奏古琴。歡送會自始至終洋溢着熱烈的氣氛。

一月十四日，悲鴻先生離京返滬。行前，發表了《徐悲鴻啓事》：「悲鴻於本月十四日晨挈眷離京到滬小住，即赴巴黎。前承本校人士及畫會同志數次祖餞，十分感激，今特登報道謝，今後如辱通訊，請寄巴黎華法教育會轉交可也。」

經過千辛萬苦和不懈努力，悲鴻先生終於實現了赴法學習美術的心願。

注釋

①②徐悲鴻《悲鴻自述》《良友畫報》第四六期，一九三〇年四月出版。

③④⑤許姬傳《徐悲鴻的〈天女散花圖〉》《新民晚報》一九六二年十一月十三日。

⑥《畫法研究會會務紀要》《北京大學日刊》一九一八年三月三十日第二版。

⑦《畫法研究會紀事第十九》《北京大學日刊》一九一八年五月二十三日第二版。

⑧《畫法研究會紀事第十九》《北京大學日刊》一九一八年五月二十五日第二版。

⑨⑩《畫法研究會紀事第三十一》《北京大學日刊》一九一九年一月九日第二版。

⑪《北京大學日刊》一九一九年一月二十日第一版。

4

旅歐八年

一九一九年三月二十日，由蔣母送行，悲鴻先生和蔣碧微從上海出發，登上了去法國的輪船。

沿途經過香港、西貢、新加坡，入印度洋，經亞丁灣、紅海，穿越蘇伊士運河，然後繞過西班牙、葡萄牙的南端，於五月八日安然抵達英國倫敦。

船一到碼頭，幾位留英的中國同學前來迎接。悲鴻先生忘記了旅途的疲勞，大家互談了各自的見聞。悲鴻先生被安排在英國學生會，在倫敦住了兩天。在那裡，悲鴻先生在無錫同鄉陳源（字通伯）的陪同下，參觀了皇家博物館和名勝古蹟。五月十日，渡過英法海峽，轉車到了巴黎。剛好碰上法國一年一度的全國美展。美展從早到晚對外開放，悲鴻先生沉醉於聞名於世的法國藝術，從五月中旬至初秋，悲鴻先生天天去巴黎各處的博物館觀賞繪畫。在巴黎，大小博物館林立，搜羅之豐，庫藏之富，一向聞名世界，享有「藝術之都」的美譽。經過一段時間的參觀，激發了他加倍苦學的欲望。爲考巴黎高等美術學校，他先入私立朱利安畫院補習。在兩個月裡，他迅速掌握了西洋繪畫應有的基本技法。

悲鴻先生有一個朋友叫楊仲子，是南京人，在瑞士的洛桑城學音樂，已娶了一位瑞士姑娘。聽說悲鴻夫婦到了巴黎，就屢次寫信邀悲鴻先生到瑞士去，瑞士向有「世界公園」之稱，悲鴻先生對那裡的優美風景已十分嚮往，便欣然答應。

楊家住在洛桑，地臨日內瓦萊蒙湖北岸。是一個風景秀麗的遊覽地，每年，世界各地的遊客紛至沓來，都被這別致的景色所迷戀。悲鴻先生在優美的環境中度過了愉快難忘的時光。一九二〇年春天，悲鴻先生回到巴黎，經過三個星期的考試，考進了法國國立高等美術學校。該校是法國全國美術中心，設有雕刻、建築、圖畫、理論等系，圖畫科又分兩部。第一部畫室名卡勒里，其中都是石膏模型。此部入學手續較簡單，可不經考試。只要將平時練習的畫，拿給該室教師審核一下，即可通過，並發給該室練習證明，這個班男女兼收並在同室學習。第二部畫室名阿特里埃爾，收納正科生實習，專門研究人體寫生。該部分四室，各有教師主持，男女分班，入學時需經複雜的考試手續。考期共分三星期，第一星期考人體實習，第二星期考石膏模型，第三星期考各類理論。第一試錄取，始得第二試，第二試錄取，始得第三試，經三次考試後，各項成績平均及格的人，才能錄取。悲鴻先生順利通過了三試，進入該部。在錄取的一百名新生中，他名列第十四，值得一提的是，該校有許多古老而又有趣的慣例，根據不成文的規定，新生入校時，一定先要將全班同學迎到咖啡館，讓大家飽嘗美酒、咖啡和各類佳餚。請了這次客，並不意味新生與舊生平等了，舊生可以裝出盛氣凌人的模樣。頤指氣使，新生簡直就成了他們的學徒和小工，什麼事都要替他們做，稍微反抗一下，那般舊生就要惡作劇，把你衣服剝的精光，拉到模特兒位子上，有時還在你身上塗些油彩。由於悲鴻不卑不亢，畫技超人。這般人也奈何他不得。

悲鴻先生進美校之初，在素描班畫石膏像。平時，他都自己臨摹，只有每星期三、六，教授才到班上檢查學生的繪畫進度，作些指導和修改。練素描的時間不限，教授認爲程度夠了，就可以升到模特兒班去畫人體。模特兒有男有女，每周更換。一定得經過這一階段，可再從各師學習油畫。悲鴻先生在赴法以前，繪畫藝術已有相當造詣，入學後更是廢寢忘食。每天上午他在學校繪畫，下午學校沒課，便去朱立安畫院練習人體素描。畫院是私立的，雇有男女模特兒。進去要買門票，門票每一張一法郎，不限資格，人人都可以買票。除了上下午勤習不輟，一有空閒，他就到各大博物館，欣賞古今畫苑的珍品。此外，他最喜歡沿着塞納河邊，繞道回家，那裡是法國舊圖書的集中地。他經常瀏覽搜集，一呆便是好幾個鐘頭，時飛如梭，悲鴻先生很快地完成了素描和模特兒臨摹兩大階段的課程。那時法國藝術學校聘請的教授都是當代大師和著名畫家，學校設有許多大畫室，每一間畫室聘有一位名畫家教畫，而畫室也冠以教授的名字。悲鴻先生對名師弗拉孟極爲崇拜，便選擇到他的畫室去學習。

當時，悲鴻很想拜在大畫家達仰(Day moon)的門下，只是苦於無緣。這年冬天，他應邀出席法國著名雕刻家唐不特(Dampt)夫婦舉行的茶話會。到會者都是法國著名的雕刻家和畫家。由唐不特介紹悲鴻先生與達仰相識，並獲得達仰的青睞，收悲鴻先生爲入門弟子。從此以後，悲鴻先生每星期天必到他的畫室去面聆教益。

達仰是當時法國著名的美術教育家，既有新思想又有傳統教養，十七歲就受學於風景畫巨匠柯羅(Corot)的門下，柯羅所畫人物被各國視爲國寶，名作《珍珠少女》即被收藏於羅浮宮。達仰所畫的人物樸實嚴謹，題材也相當豐富。他的抒情風格的風景畫尤爲著名。達仰曾對悲鴻先生說：「柯羅有一名言，『要有自信，毋捨己徇人。』」就是說，在藝術上不要屈從別人要有自己獨創的見解。達仰告誡悲鴻先生：「從事藝術工作不易，不要趕時髦，不要有一點小的成就便自鳴得意。「並精心畫過一次寫生後，再默寫一次，只有反覆的尋找自己的不足之處，才學得紮實。達仰還向悲鴻先生指出：「人要有受苦的習慣，生活上治學上均應如此。十九世紀法國名畫家莫洛特(Aime Morot)具有成爲藝術大師的秉賦，但因爲他沒有經驗艱苦環境，因此沒有宏大的志願，世界上最大的作家，都是有宏大志願的人，因此能立至高之德，創最神奇的作品，爲人類申訴。」①

這些至理名言，使悲鴻先生在藝術和事業上受到了莫大的教益。

一九二一年初，歷史畫名家弗拉孟非常賞識悲鴻先生，願教他油畫。那時悲鴻先生經濟來源不穩，生活特別困難，因此未敢答應。他第一次做人體油畫就受到弗拉孟的稱贊。後來在學校比賽數次，他總是名列前茅。

那時，悲鴻先生爲了作畫，飲食常不定。有一時期，中午抽不出時間外出用餐，只得以麵包加涼水充飢，這種「涼餐法」持續了幾個星期，其次，他在美術館參觀了一天，正巧下起了大雪，館內的氣溫驟然下降。悲鴻先生沒有大衣禦寒，便匆匆跑回家裡洗了個熱水澡，滿以爲可以驅除寒氣，可沒等洗完，腹部便疼痛難忍，從此染上了嚴重的胃病。時而嘔吐，消化不良，以後一直未癒。儘管這樣，他仍堅持作畫。他常說：「胃越痛就越要畫，畫下去就會忘記痛苦。」對此，他題畫解嘲：「人覽我畫，焉知我之爲此，每至痛不支也。」②

暑假到了，悲鴻先生爲觀摩德國藝術館的名畫和欣賞德國各地風光，曾專程去德國柏林。悲鴻先生在柏林唐德大街租了一個小小的畫室，並請來了模特兒，在那兒，他常到德國名畫家康普家裡去請教，此外，悲鴻先生還觀摩了阿采爾、康普、賽岡第尼作品及伯拉克西特列斯（古希臘雕刻家）的塑像。

悲鴻先生居德期間，每日作畫十幾小時，從不間斷，在素描上花費的工夫更多。當時他最愛荷蘭畫家倫勃郎的繪畫，常到弗萊特力博物館臨摹他的作品。尤其是他的《第二任夫人像》，悲鴻先生臨摹十分精緻。

柏林動物園猛獸館的構造都是半圓形，可從三四個方向瞭眺，視野寬闊，最適合寫生。悲鴻從小就愛畫獅子，而這裡的條件非常好。凡是天氣晴朗，他就去動物園寫生。爲畫好獅子行走時，抬腿的動作，他天天上動物園。他耐心地等待時機，精確地觀摩描寫，失敗了再畫，持續了三個多月，才將這個動作畫好。他曾說，「我居柏林及巴黎時，赴動物園，園豢獅與熊，獨多描之，卽屢，覺獅與熊等亦有個性。」

德國美術書籍裝幀非常精美，由於歐戰後德國戰敗，馬克每天都在貶值，所以雖然價格很貴，但用法郎計算，就很便宜，因此，悲鴻先生只要見到好的就買下。這似乎成了他的習慣。他的房間塞滿了書籍，連坐的地方也很難找到。只得「就書爲座」了。然而這個時期却是他「生平最得意之秋」。

一次，市上出售康普、使吐克、歐個爾、開賴等人的名作，可惜兜裡所剩無幾，當時國內已有十個月未滙學費。悲鴻先生已負債千元。想來想去。他準備向我國駐德國公使館借錢購買。但又怕公使不支持，很是尷尬。第二天，悲鴻先生鼓起勇氣去見駐德公使，向他講述了這些作品的藝術價值，要求公使允諾借款，將這批畫買下，可先陳列在使館客房廳內。當時，公使僅僅表示：不知銀行是否有存款，待查後再告。無奈之下，他向宗白華、孟心如等親朋好友求援，以解燃眉之急。結果，只能買下康普的油畫兩幅及速寫數幅，對其他作品，只好望之興嘆。

一九二三年春，悲鴻先生回到巴黎，仍拜達仰爲師，在凱旋門附近的第八區，有幢六層樓房，在最高處，他租了一間玻璃頂的畫室，租金較便宜。此處原供傭人居住，不能乘電梯，一上一下，足足要爬兩百多級樓梯。

在巴黎，除了美術學校外，悲鴻先生有時還要到蒙班捺司區各畫院作畫。包括往羅浮宮臨畫。當時他窮得連畫布都買不起。一次，他用舊畫布臨摹。畫名《公理逐罪惡》。有個老畫家，見他在那樣髒的畫布上直接起稿，不屑一顧地一笑而去。三天後，那位老畫家又來了。這次，他站在悲鴻先生的後面端量了很久，稱讚他臨摹得很好，並請悲鴻先生原諒他過去的簡慢，同時願買下他的作品。悲鴻先生卻堅決地說：「給多少錢也不賣」。

悲鴻先生出國後，北京政府變幻莫測。官費時輟時續。至一九二四年，官費全部中斷。悲鴻先生的生活捉襟見肘，非常窘迫，他常在畫中題：「時爲來歐最窮困之節，至無可控告也」。「落拓巴黎」等字句。這些眞實地反映了悲鴻先生當時的生活窘況。

那年六月某日傍晚，巴黎忽然大降冰雹，第八區所下的冰雹最多最大。那晚，悲鴻先生和夫人正在吃飯。商談第二天如何向友人李璜借款，忽然玻璃房頂霹霹之聲大作，接着水流如注。玻璃碎片乒乒飛落，一小時後才停止。

第二天早晨，他找到房東，要求修理房頂，房東則說：「須由你如數賠償」。悲鴻先生詫異地問「此爲天災，與我何干？」房東說，「不信，請看合同。」悲鴻先生急忙找出合同，果然規定：「關於房東之損壞，不問任何理由，其責任皆在賃居者。」在最窮困的時後，悲鴻先生遇到這樣的橫禍，只能連連搖頭嘆息。

那天，我國駐巴黎總領事趙頌南先生來訪，看出了悲鴻先生的困境，立刻贈他一筆錢，這才解除了燃眉之急。這種雪中送炭的友情，使悲鴻先生終生難忘。

在卽將斷炊之際，悲鴻先生想找些力氣活兒維持生計。這總比活活地餓死強。當時法國正面臨嚴重的失業問題，外國人無法找到工作。經過多次奔走才找到了兩項臨時工作，蔣碧微給盧浮百貨公司做繡工，悲鴻先生爲書店出版的書繪製插圖。他曾爲法國版的《朝鮮民間故事集》作過插圖。這種臨時性工作，待遇很低，想靠他維持生活很難。一九二五年夏天，悲鴻先生決定先回國籌款，如果成功，再返法深造。如果不行，就給夫人寄足路費後回國。剛好，這時經趙頌南介紹，悲鴻先生結識了黃孟圭，黃家是福州望族，孟圭在美國哥倫比亞大學選修教育碩士學位，轉赴歐洲考察，正欲歸國。他的二弟黃曼士，僑居新加坡多年。時任南洋兄弟煙草公司新加坡公司經理。與陳家庚等富商交誼深厚。黃孟圭便給黃曼士寫信，陳述了悲鴻先生的困境，曼士立刻覆信答應帮忙。這年初冬，悲鴻先生來到了新加坡。

悲鴻先生和黃曼士，一見如故。當時，黃設宴招待。桌上雖擺滿了佳餚美酒，悲鴻先生却愁眉不展，舉箸遲疑。主人問起原因，他才說：「承蒙款代，萬分感激，但這時留在巴黎的拙荆蔣碧微怕連麵包都吃不上，實在難以下咽，先生能否替我匯五百法郎給我的太太呢？」③曼士聽了，馬上吩附人，如數電滙，悲鴻先生感激地說：「我眞不知該如何感謝你。」昔日我落魄上海，先後得黃警頑、黃震之帮助而改名黃扶。現在絕路逢生，幫忙的又是黃家兄弟，眞是每次遇到姓黃的，總是逢凶化吉。

曼士接着介紹悲鴻先生爲陳嘉庚等華僑領袖及其家屬畫像，因他素描基礎精湛，造型堅實準確，是寫實派畫家，很受歡迎。悲鴻先生畫像時，曼士常在一旁打趣地說：「有錢有地位的人物」，百年之後，難免爲人忘却，惟有生前請名家畫像，後代研究名畫時，同時要考證畫中人物，這樣，畫中人與名畫豈不同垂千古！曼士的話博得在場人的贊同。不多久，找悲鴻先生畫像的人更多了。陳嘉庚先生以二千五百元叻幣爲畫像酬勞。悲鴻先生曾建議陳於國內建一美術館，可惜因語言不通，悲鴻先生當時的影響並不大，未能爲陳所重視。他在新加坡停留不到半年，爲人畫像共得潤資八千多元叻幣。這筆錢如換成法郎，可供他和夫人在法國生活三年。後來，他回了一趟上海，購買了大量金石、書畫等藝術品，花費不少。

一九二六年二月初，悲鴻先生離新加坡回國探親，船上巧遇歐洲考察完教育，正在回國途中的蔡元培，兩人見面，格外親切。悲鴻先生向蔡先生詳細地匯報自己七年留學生活，以及所取得的收穫，蔡聽後讚不絕口，悲鴻先先生向蔡建議：「要想使我國的美術事業發達，不光是創辦學校與派遣留學生所能奏效的，不得名師，學業不足以大成，不見高貴之名畫，而僅畢業於學校，所見所聞仍甚淺，要想使美術事業之發達，唯有創建美術館。國家有了美術館，凡屬天才之美術品，均可選入美術館，供全國人民欣賞和學習，這樣方能能提高全民的美術水平，促進我國美術事業之發達。而現在相反，美術界人士，坐井觀天，不見世界名人之傑作，夜郎自大，不知天高地厚，滔滔終古，遂永無向上之心。④

悲鴻先生抵滬後，在大東旅舍梅花會中展出自己在歐所作人物油畫四十餘幅，受到好評，報稱：「筆意沉著，不以色彩鮮麗取勝，線條雖無顯明之迹，而含蘊於內」。

三月二日，悲鴻先生自宜興探親反滬，上海的老朋友們康有爲、姬覺彌、王一亭、黃警頑、田漢、朱應鵬、陳抱一、黃震之等設宴歡迎。康有爲即席致介紹詞：「徐生悲鴻，十年前爲我及相國瞿鴻禨、尚書沈子培寫像，維妙維肖，其於畫蓋天才也，後遊日本，又學畫於法國七年，工力深造，今出所作示我，精深華妙，隱秀雄奇，獨步中國，無與爲偶。」⑤三月七日下午，悲鴻先生應上海新聞學會之邀，在上海三馬路慕爾堂社交室演講《美術之起源及其眞諦》，聽講的有上海美專、上海藝大等校的學生，晨光、天化美術館的張聿光、唐家偉、錢化佛、張介眉、關良、陳宏、潘紹堂等畫家一百餘人，由兪齋、陳存仁、翁谷塡、韋均偉招待，黃心村至介紹詞。在此期間，悲鴻先生接受了各新聞機構的採訪，並向各藝術團體發表演講，還購買了大量金石書畫等藝術品。

一九二六年五月，悲鴻先生重回巴黎時，幾乎又是兩袖淸風。爲此，逐引起夫婦間一場風波。不久他和友人謝壽康同赴比利時京城布魯塞爾，曾在博物館臨摹名畫家約斯旦的《豐盛》圖。然後，悲鴻先生又遊義大利，在佛羅倫斯觀賞了達芬奇的名畫《最後的晚餐》，在著名的水城威尼斯觀賞了提香的代表作《聖母升天圖》，並觀賞了著名雕塑家米開朗基羅的《大衛》巨刻及美第奇陵墓的四座雕像。在羅馬，悲鴻先生又飽覽了聖保羅大教堂的著名雕刻和西斯廷教堂的壁畫，並看到了文藝復興時代大畫家拉斐爾、波提切利的許多作品。

一九二七年春天，悲鴻先生的經濟又陷入絕境，他決定再次回國籌備費用。可是搭回去的船票也沒着落，幸好遇到正在法國考察教育的中法大學教務長李聖章先生，在他的資助下，方得成行。悲鴻先生離法前向身患重病的老師達仰先生告別，心情倍感凄涼。

在海船上，悲鴻先生遇到了在法國榮獲國家科學博士學位的物理學家嚴濟慈。悲鴻先生十分欽佩這位中國科學家，當即爲嚴畫了一幅素描肖像，並用法文在旁邊題寫了《科學之光》。到新加坡後，他仍寓黃曼士家，除爲華僑富商畫像外，並創作了一些精品贈曼士。下久，他接到了夫人的來信，報告她已懷孕的喜訊。悲鴻先生十分欣喜，馬上匯旅費給夫人，叫她來新加坡相會，然後一起回國。可是，等不及夫人到新加坡，悲鴻先生已先回國籌備安家了。這樣，他結束了八年的留學生活。

注釋

①徐悲鴻《悲鴻自述》《良友畫報》第四六期，一九三〇年四月出版。

②徐悲鴻《悲鴻之墓》（素描）《悲鴻描集》第一集，一九二九年三月

③施香沱《百扇齋談往》《黃曼士紀念文集》（新加坡）一九七六年出版。

④《徐悲鴻君學術研究之談話》等　《時報》一九二六年三月七日第二版。

⑤⑥《畫家徐悲鴻返滬》《時報》一九二六年三月三日第五版。

5

倡導寫實主義

一九二七年秋天，悲鴻先生回到了上海，當時我國的國畫很保守，西畫又受到法國現代主義等畫派的侵襲。有些想走捷徑的畫家，已經把法國的野獸派，立體派繪畫，從日本東京傳播到上海。風氣所到之處，有些藝術青年們便不再重視作爲繪畫基礎的寫實技巧，而專畫些方頭綠面不知是人是鬼的東西。幾乎一夜之間，你變成馬蒂斯，他變成達里，至少我也可以當個布拉克了。這些各色各樣的形式主義美術，不僅使藝術本身無法成立，就連誠心學畫的也永遠不能成爲一個眞正的畫家。爲了及時制止這類形式主義畫派影響國內的藝術青年，悲鴻先生毅然挺身而出，力攻頹風。他不是一味的抨擊形式主義的東西，而是積極地全力提倡寫實主義。

悲鴻先生回滬不久，上海藝術大學外國文學教授田漢便邀請他到校講演。他向同學們闡述了自己的藝術觀點：「藝術上的成就，才能只占一分，而毅力要占二分。」

他又殷切希望在座的同學立下復興中國美術事業的大志，遵循「外師造化，中得心源」的道路。要敢於另闢蹊徑，形成自己的流派風格。

接着，黃警頑帶蔣兆和來訪。蔣和悲鴻先生的藝術觀點相近，他倆談得十分契合，終成莫逆之交。蔣雖被生活所困，但沒有放棄藝術的追求。悲鴻先生十分賞識他的繪畫才能，對他說：「在藝術上要走寫實的道路，應在我們國家多培養這樣的人才。我學西畫就是爲了發展國畫。」

不久，上海藝術大學爲籌備經費，舉辦「魚龍會」公演，悲鴻先生應邀出席觀摩。其中有話劇《畫家與其妹妹》。描寫一個畫家鄙薄市儈趣味，不合時尚，連一張畫也賣不出去，以致冬天不能生火，模特兒拒絕爲他做形體示範。這個節目引起了悲鴻先生的強烈共鳴，他熱烈的鼓掌。閉幕時，他緊緊抓住那扮演畫家的演員劉汝醴的手，連聲說：「好！好！當年我在巴黎窮困的時候，就像你（指劉在劇中所扮演的角色），火生不起，模特兒僱不到，沒法作畫。」最後他希望劉汝醴上他家玩。幾天後，劉汝醴同復旦大學葉某來訪，悲鴻先生熱情接待了他們，當談論現實主義問題時，悲鴻先生強調說：「你們想在繪畫上努力，必須多看、多想、多畫，不要忽略你們時時接觸的現實，藝術應表現生活，別中了那些目描兩根香蕉，一個蘋果的畫家們的毒，提起筆來老是那麼一套，天天大吹大擂地自命爲天才。」

悲鴻先生在上海定居後，田漢常找他和歐陽予倩商談南國電影劇社改組事宜，經討論定名為「南國社」。悲鴻先生將社名譯成法文，「Cercle Artistique du Midi」。接着他們又創辦南國藝術學院。因無經費刊登招生廣告，便在上海的報紙上發表《南國藝術學院消息》一文。文中說：「文學家田漢氏，名畫家徐悲鴻氏，戲劇家歐陽予倩氏所組織之南國藝術學院，籌備經月，業已大致就緒，院址設法租界西愛咸斯路三百七十一號（拉都路西）轉角洋房內，現在佈置其精美畫室，與新宿舍，已經正式辦公，開始報名，該院目的在培植藝術運動人才，作新時代的先驅者，院內採自由研究制，分文學、繪畫、戲劇三科，並設圖書室、畫室、出版部、小劇場、攝影場。為使生活與藝術打成一片，教授聘定者，文科為田漢郁達夫及徐志摩諸先生。畫科由徐悲鴻先生主持，戲劇科則聘定歐陽予倩、洪深、趙太侔諸先生，該院又以便於學生研究計，名額僅限六十人，除由上海藝大退出學生加入外，餘額無多，……」①

離開學沒幾天了，悲鴻先生抓緊時間，天天指導工人改建畫室，並從家裡帶來幾幅名畫，懸掛於學院的辦公室內，為之增色不少。畫室需要光線充足，經悲鴻先生和田漢與房東多次談判，房東才肯讓原來的房頂掀去半邊，換成玻璃房頂，在悲鴻先生的指導下，至二月十四日畫室玻璃屋頂已蓋好，採光很好。當時，在上海各畫家的畫室中，除陳抱一畫室外，就數南國畫室最好，這正是使悲鴻先生滿意的地方。田漢辦學院的最初動機是向無產者青年開門，悲鴻先生贊同這個建議，表示不要學院分文，至二月十七日，學院各科課程已排好，悲鴻先生再三強調了課程的內容務必充實。二月二十四日，天空非常晴朗，原定上午十時舉行開學典禮，因小舞台建造未竣工，故延續到午後二時方舉行。與會學生三十餘人，僅達報名數一半。典禮開始後，院長田漢宣布籌備經過，並述及今後教育方針及一切大體規劃。他強調：「本學院是爲無產青年所建設的研究藝術機關，師友應團結一致，把學院看成是自己的家。」②接着悲鴻先生發言，他首先祝賀同學們考取「南國」，進而闡述學習繪畫的要領說：研究藝術務須誠實，我們學習繪畫，即是研究如何表現種種之物象，表現的工具是形象與顏色，形象與顏色卽是我們的語言，要做到語言精美，須對宇宙萬物，有非常精確之研究，與明晰之觀察。同學們的年齡正是用全副精力觀察種種物象之期，故須在三十以前養成一種至成熟至精確之力量，而後繪畫方可自由。法國名畫家邦納九十歲之作品，手法一點不苟，由是可想見其平日素描之根底。同學研究繪畫，當在二十餘歲，刻苦用功，分析精密之物象，涵養素描功夫，將來方可成傑作也。諸位，藝術家之功夫，卽在於此，我不信世界上有什麼天才，是在我們切實研究耳，諸位目今方在二十餘歲之際，正當下功夫之時期，還望善自努力。最後，他以「忠實」兩字激勵同學。他向同學們保證，將盡自己的責任，辦好繪畫班，保證同學們每日八小時的學習。開學後，悲鴻先生每日都在「南國」，不是講課，便是自己作畫。他隨時要求同學們要重視素描基礎的鍛鍊，強調必須堅持現實主義的藝術道路。他的觀察力極其敏銳，能隨時發現每個同學習畫中所存在的錯誤，並親筆修改，往往是簡單的幾筆，就使畫面貌一新，同學們都心悅誠服。

四月初，杭州國立藝術院學生四人，慕悲鴻先生之名轉入南國藝術學院，國立藝術學院因此發生學潮。杭州教育當局以爲南國藝術學院有意與杭州國立藝術院抗衡，便出高薪聘悲鴻先生往杭州任教，想用這方法搞垮「南國」。悲鴻先生與該院主持人的藝術主張不同，況且他捨不得眼下的學生，就謝絕了國立藝術院的聘請。

但不愉快的事終於發生了。這之前，悲鴻先生已應南京中央大學師範學院藝術專修科之聘，決定每月兩周在南京，兩周在「南國」。悲鴻先生身兼兩職，工作繁忙，很少有空回家去。這時，蔣碧微趁悲鴻先生往南京授課之機，便讓悲鴻先生的二弟壽安陪同，去南國藝術學院將悲鴻先生所有的用具搬走，又欺騙「南國」的師生，說悲鴻先生即將搬往南京，無法兼職。等悲鴻先生返滬，得知這場鬧劇後，非常生氣，但又覺得無法收拾。後來「南國」的學生到悲鴻先生家裡要求他繼續執教，可是他的夫人加以阻撓，悲鴻先生也只好婉言謝絕。他掛在「南國」裡的名畫，仍留存學校，供同學們欣賞和臨摹。

悲鴻先生離開「南國」後，就全力以赴於「中大」藝術科。除課堂上講課外，他又規定學生每周要作三種課外作業：一是每周課堂作業完成後，一定要畫一幅默寫（卽不照實物背畫）。畫後，要求學生自己對照實物進行修改。二是每周每人畫一幅自畫像。三是每周每人畫一幅單線雙勾面，人物、動物、花卉等不拘。他經常進行督促檢查，一絲不苟。

一九二八年十月，他接到北平大學校長李石曾的聘書，請他出任該校藝術學院院長，十一月中旬，他從上海赴北平就職。當時該院有中畫、西畫、戲劇、音樂、圖案五個系，每系各兩班，全院學生二百餘人。悲鴻先生上任後，卽召集學生談話，要求大家熱愛自己的專業。並對教員進行嚴格考核，免去那些沒有眞才實學、不懂教育的老冬烘的教職，同時積極進行增設建築、雕刻兩系，呼籲校方增加預算，還與北大其他五名財政專家及十六名有影響的教職員被聘爲北平大學預算委員會委員。當時他不滿意「藝術學院」這種稱謂，便向北平大學委員會提議改名爲「美術學院」。他認爲，「藝」字之義，在古訓爲致用之學，如「六藝」就包含禮、樂、射、御、書、數，但無「美」字之義。而以「藝術」命名學校，僅屬百工技巧的學校，而不屬於從事美術的學校。他還說：「名不正，不僅言不順，卽精神亦有背謬之虞，而一國最高美術機關，且不能自正其名，必然會影響全國美術教育。那時，北平的國畫界，以仿古爲能事，唯齊白石的作品敢於創新，蟲魚花鳥，栩栩如生。在筆墨技法的運用上，高度概括了中國畫的特點。這引起悲鴻先生極大的興趣。

不久，他專程拜訪了齊白石先生。三十多歲、年輕英俊的悲鴻先生和白髮銀鬚的白石先生竟一見如故，互訴心懷。他們愈談愈興奮，評畫論詩，滔滔不絕。當悲鴻先生提出聘請白石先生擔任教授時，白石先生卻一口謝絕。過了幾天，悲鴻先生重提此事，白石先生再次婉謝。悲鴻先生擰着一股勁，又到白石先生家裡，大有「三顧茅廬」的誠心，白石先生深受感動，就坦誠地說：「徐先生，我對你說實話吧！我不是不願意當教授，是我從來沒有進過學堂，更沒有在學堂裡教過書，連小學、中學都沒有教過，怎能教大學呢？遇上學生調皮，我這大年紀，栽個跟頭，就爬不起來了！」爲了解除白石先生的顧慮，悲鴻先生提出只要他在課堂上作畫示範，不要他講課。還說：「我一定在旁邊陪着你上課。夏天，給你安一台電扇。冬天，給你生個火爐，不會使你不舒服的。」③在悲鴻先生懇切勸說下，白石先生終於答應了。

後來，白石先生在送給悲鴻先生的一幅山水畫上，題了一首感懷詩：

少年為寫山水照，自娛豈欲世人稱，
我法何辭萬口罵，江南傾膽獨徐君，

謂吾心手出異怪，鬼神使之非人能，
最憐一口反萬衆，使我衰顏滿汗淋。④

當時齊石先生的處境十分艱難，故詩中有「我法何辭萬口罵」之句，但悲鴻先生敢於「一口反萬衆」，竭力推崇齊白石先生的藝術風格。這首詩，記載了這兩位藝術大師的友誼，也是悲鴻先生尊重藝術創新的佐證。

北平大學自一九二八年十一月復校後，由於熱心教育人士的努力，不久卽漸具規模。只因政界黨務糾紛特多，有人利用學校爲其搗亂的工具，因此枝節叢生，學生經常罷課，鬧得學校幾無寧日，悲鴻先生的教學主張根本無法貫徹，再加上保守派的強烈反對，悲鴻先生處在孤掌難鳴的境地中，只好提出辭職。離京前，悲鴻先生滿懷憂憤，向白石先生辭別。白石先生也神情默然。他畫了一幅《月下尋歸圖》送給悲鴻先生，畫面是一位穿長袍的老人，扶杖而行，面容抑鬱。這是白石先生的自我寫照。畫上題詩二首：

(一)

草廬三顧不容辭，何況雕蟲老畫師。

海上清風明月滿，杖藜扶夢訪徐熙。

㈡

一朝不見令人思，重聚陶然未有期。
深信人間神鬼力，白皮松外暗風吹。⑤

徐熙是我國南唐著名畫家，擅畫花果、林木、禽魚、草蟲，才氣過人，世稱神妙。在這裡，齊白石先生借他的名字比喻悲鴻先生，悲鴻先生南返以後，仍任中大藝術科教授，在中大積極推行現實主義的美術教育。

一九二九年四月，第一屆全國美術展覽會在上海舉行。悲鴻先生雖當選爲美展會總務委員，但他拒絕參加這次美展，表示抗議。他認爲，會上陳列的西畫都是些形式主義的東西。當時，徐志摩再三動員悲鴻先生參加美展，爲表明態度，悲鴻先生在《美展》第五期上，寫了一篇《感》，揭露形式主義繪畫在資本主義社會的商品性質，認爲這種藝術是後退的，而不是進步的。最後，他感慨地說：「願我國藝術趨向光明正大之途，以紹吾先人非功利之偉迹。而使一切買賣商人，無所施其狡獪也。」又說：「志摩兄承再三眷念，感激萬分，顧百花開放，難以同時，比來意興都盡，其不參與盛會，並無惡意。」

五月四日，悲鴻先生又在《美展》第九期上發表了《惑之不解》（給徐志摩的公開信）。就形式主義問題，他進一步闡述道：「藝術上傑出的畫師如伯拉克西特列斯（古希臘雕刻家）和達·芬奇，決不能與形式主義畫家相提並論。不能以藝術上的「風尚」來抹殺藝術作品的眞正價值。文中還指出，形式主義的繪畫，並不是什麼藝術上的獨創，當然更談不上是「革命」了。他認爲，「眞」，就是眞實地反映現實，「僞」，就是歪曲現實。他認爲形式主義的繪畫便是僞的。一九三〇年秋天，他在棲霞師範講演時重申了對藝術的眞僞的看法：「藝術以『眞』爲貴，『眞』卽是美，求『眞』難，不眞易。畫人難，畫鬼易。」他又嚴肅地說：「有人雖自命爲新派畫家，但多無表現逼眞的能力。雖以『新』作號召，實自欺亦且欺人。所繪作品，鄉下人見之固不愛，卽畫者本人看了也不愛。」

悲鴻先生回國後，在美術創作上堅持了寫實主義的道路。當時，北伐戰爭節節勝利，而日本軍隊正在濟南飛揚跋扈。蔡公時以外交特派員的身份去辦理交涉，竟遭日軍慘殺，釀成了歷史上有名的「五三慘案」。爲此，悲鴻先生義憤塡膺，將那壯烈的一幕繪成了大型油畫《蔡公時被難圖》。

隨著日本帝國主義者的步步侵略，血腥的壓迫、殘殺、掠奪，愈演愈烈，中國人民團結抗戰的情緒也格外高漲。悲鴻先生緊緊地和人民大眾團結在一起，創作了大幅油畫《田橫五百士》，該畫取材於《史記・田儋列傳》故事。田橫是秦人，本是齊王田榮的弟弟，秦末陳勝吳廣起義時，田橫也曾率領部隊抗秦。漢高祖打敗項羽，消滅群雄之後，田橫同他的戰友五百人跑到一個海島上。漢高祖勸他歸降，說：「田橫來！大者封王，小者封侯；爾不來，且擧兵加誅焉！」田橫就同兩個部下離開海島，到了距當時京城——洛陽三十里的地方，田橫仰天長歎道：「橫始與漢王俱南稱孤，今漢王爲天子，而橫乃爲亡虜而北面事之。」遂自刎而死。臨死前，叮囑部下捧著他的頭去見漢高祖，表示自己誓死不屈，並且希望保存島上的義士。五百士聞聽田橫已死，都仿效他的義擧，寧死不屈。悲鴻先生透過這幅氣勢磅礡，場面宏偉的大型油畫，渲染了義士別離的動人場面。畫面中心的田橫，正拱手與壯士告別。他那一身傲骨，炯炯目光，既充滿依依惜別之情，又顯示威武不屈的豪情壯志，懷著可死而不可辱的決心，給予壯士們巨大的精神力量。悲鴻先生創作這幅畫時，正值民族災難深重之際，東北大片國土淪亡，日本企圖侵占華北以至全中國。當時有一些人徬徨歧途，有的甚至賣身投靠。悲鴻先生此畫，歌頌了「富貴不能淫，威武不能屈」的高貴品質，旨在激勵民衆的鬥志。

從一九三〇年至一九三三年，悲鴻先生又創作了《徯我后》。這幅畫出典於《書經・仲虺之誥》：「徯我后，后來其蘇。」它描寫的是商代末年勞苦群衆的悲痛生活。商代是在中原建立的奴隸制王國，到了紂王時，階級矛盾日益嚴重，奴隸主殘酷暴虐，驕奢淫逸，所以民不聊生，希望周王發兵東征，來解救他們的痛苦。「徯我后，后來其蘇」的原意思是：等待我們的帶路人，他來了，我們就得救了。悲鴻先生在這幅畫上，描繪了旱災威脅下的一群男女老少，在龜裂荒蕪的田野中衣不蔽體，引頸仰天，充分體現了大旱望雲霓的迫切心情。悲鴻先生創作這幅畫時，廣大人民陷於水深火熱之中，這幅畫，表達了人民渴望解放的心情。

在抗日戰爭最艱苦的年代，他在印度又根據我國古代寓言故事，創作了一幅雄健的彩墨畫《愚公移山》，表達了他身居異域，胸懷災難深重的祖國，激勵炎黃兒女以愚公移山的毅力抗擊日寇的侵略。

悲鴻先生的這些作品，都再現了中華民族血淚斑斑的歷史，我們彷彿聽到了整個中國不分老幼、地域，聯合起來抗日救亡的偉大聲音。

在中國畫創作上，他主張發揚前人的優秀傳統，反對食古不化。他諷刺清代「四王」（王翬、王時敏、王鑒、王原祁）山水是「人造山水」。教導學生要以自然爲師，不要以他爲師。悲鴻先生提出的這些寫實主義的繪畫主張，在中國畫壇上一直具有旺盛的生命力。

注釋

①《新聞報》一九二八年一月二十七日第二版。

②田漢《我們的自己批判》《南國月刊》第二卷第一期，一九三〇年三月二十日出版。

③廖靜文《悲鴻與齊老》《藝術世界》一九八一年一月第一期。

④《中國美術》一九七〇年第一期。

⑤廖靜文《悲鴻與齊老》《藝術世界》一九八一年一月第一期。

6

赴歐洲宣傳中國藝術

一九一三年春天，悲鴻先生的朋友壽康出使比利時。爲了介紹我國現代美術的風貌，謝特地帶了四十幾幅悲鴻先生的作品，與比方接洽後，決定在布魯塞爾舉辦一次悲鴻畫展。謝先將悲鴻先生的四十一幅畫的題目譯成法文，隨後編印成目錄。又將悲鴻先生的美術理論印成册，並配上精美的挿圖，製成銅版後，比京晚報在副刊圖畫周刊上搶先發表了這些作品，引起各方人士的極大關注。

五月十五日晚九時，舉行了悲鴻先生作品的預展典禮，所到來賓，有比王宮的大禮官，意大利駐比代辦，比政府前教育部長，比外交部東方股股長、布魯塞爾大學校長，及許多著名畫家，共二百餘人。在畫廳裡，他們來回觀賞，被中國畫家高超的技藝所折服。他們不得不承認，悲鴻先生的畫，爲當代的傑作。難怪法國政府將他的畫列爲國家級收藏範圍。十六日午后三時，畫展正式開幕，比政府教育部長佛第耶親臨參觀，稱讚悲鴻先生的作品獨具中國畫風骨。二十二日比皇后也前來參觀，她逐件觀賞了悲鴻先生的作品，不時發出讚歎之聲，並向列席者感慨地說：去年比利時舉行開國百年紀念，，她忙於接待各方來賓，實在是疲憊不堪，本年舉辦的各類畫展她一概不參加，但她特別喜歡中國繪畫，故破例前來參觀。從開幕至本月底爲止，來人踴躍，新聞界和美術界都作了詳細的評論，報導，給予了高度的評價。當時歐洲處於經濟危機，西方人士舉辦畫展一般無人購買。這次悲鴻先生的畫展，按理說不出售作品，可是仍有五幅畫被「捧走」，一幅價五百元，在當時，這無疑是我國畫界的「新記錄」，這是悲鴻先生的作品第一次與廣大外國觀衆見面。它們所受到的禮遇，可以看出悲鴻先生的藝術成就在世界畫苑裡的地位。

同年夏天，在法國里昂中法大學任職的劉大悲，在里昂大學舉行了一次悲鴻先生作品畫展，又震動了法國。人們都懷著極大的興趣前來參觀，而且，他們還希望在巴黎舉行一次大規模的中國畫展。

悲鴻先生雖然沒有出國，但他由此感到：我國的國際地位日益下降，而我國的繪畫若出國展覽，則可大大提高我國的國際威望。於是他下定決心，要廣泛徵集我國的美術作品，到歐洲舉行中國畫展，讓他們知道什麼是「東方的中國」。

一九三三年一月二十八日，悲鴻先生偕同夫人蔣碧微和滑田友，帶上各類作品，乘坐法國博多士號輪船，由上海啓程前往法國。

悲鴻先生在法國巴黎的一家旅館下榻後，便約見劉大悲和張鳳擧兩位先生，商談畫展事宜。劉先生告訴悲鴻先生：「會址定在近代美術館。」當悲鴻先生得悉李石曾也在巴黎後，當天就去拜訪，報告有關畫展情形。

第二天，悲鴻先生突然收到李石曾的來信，信的大意是：他即日回國，畫展事情以後請與顧維鈞公使接洽，最好是請顧夫人主持，經費預備兩萬元，由他負責一半，等他一回到國內，立刻滙寄。其餘的款項，請顧維鈞設法籌集。悲鴻先生讀完信，只好遵照李石曾的囑咐去拜訪顧維鈞。顧看了李石曾的信，頗感驚異，當即表示，李石曾行前未向他交待，他無法作任何承諾。當時，場地早已定妥，消息也已發出，展覽日期近在眼前，百日之功，怎可廢於一旦？悲鴻先生只好另想法子，湊齊款項。

五月十日下午三時，中國美術展覽會在巴黎國立外國美術館開幕。中國方面參加開幕式的有徐悲鴻、顧維鈞夫婦、蕭參贊、趙頌南、劉大悲、張鳳擧及中國各界留法學生多人。法國方面參加開幕式的有教育部長特蒙齊等政界名流、各博物院院長、美術觀察員、著作家、學者、貴族及美術家等，到會者約有三千多人。悲鴻先生忙於接待，他被一片祝賀聲所包圍。歐洲文藝批評家甘米葉莫葛雷，在人群中找到了悲鴻先生，通名之後說：「眞誠向君致賀！此展覽會實至華美，尤以大作，爲所敬佩。」①

巴黎各種報刊，如實的報導了展覽會熱烈的氣氛和空前未有的盛況，並就這次赴法展覽的中國畫作進行了評述。五月十二日，《巴黎時報》在《兩千年之中國歷史》一文中說：「中國之生存，猶如生物之增長，必需罹受痛苦而後方能發達者，故其內亂也，饑荒也，遭人之侵略也，適足以爲彼之思想家，神秘派藝術界之興奮劑，以古證今，莫不如此，近觀其美術展覽會之組織，我們更難相信此令人感動之中國已到最後之呼吸也。在彼國難期中，籌辦中國畫展，本極艱巨之工作，然中央大學教授徐悲鴻君，及中法大學代表劉大悲君，竟能敏捷以成之，此種活動，非能世代保存固有之精神民族，曷克臻此。」②同一天，《巴黎周報》在《宣得堡姆之中國畫展》一文中指出：「中國現處困難之秋，雖不能運其古代名畫來法，然觀其生氣勃勃，令人注意之近代畫展，已大可爲我們賞歎不置之開端，蓋中國畫之各種作風，及其各種趨勢，均於此有極高價值之代表作也。我們於中央大學教授徐悲鴻携來之現代著作，宜格外加以敬禮，徐君乃中國現在繪像之最著名者，……我們不得不特別讚譽。」③著名詩人、批評家甘米葉莫葛雷，也發表了精闢的論述，他說：「這是一個很美麗的畫展……在此有不少有才能的作品，倘使若干作品在運筆裡略覺膚淺，而在其他大多數的畫裡，人家可以感覺到畫家欲重新找到唐、元、明時的純粹深刻的精力集中，在這些努力的畫家中，首先淸楚地表現着徐悲鴻先生的個性，他是南京青年畫界的領袖與鼓勵者。

他是動物畫家、風景畫家和繪像畫家，是一個有學識，有力量的藝術家，一個很好的彩色家，一個出類拔萃，大膽無畏的畫家。③

開幕以來，一些愛好中國畫和從未見過中國美術的觀衆，都爭先恐後地搶購本次展品目錄，幾日內連印三版，，還是供不應求。展期原定一月，直到閉幕前夕，參觀者仍然絡繹不絕。經當事者請求，一再延期。結果，展期共四十五天，參觀人數達三萬餘人，售目錄所得十萬法郎。

在這次美術展覽期間，悲鴻先生與劉大悲、張鳳舉曾會見法國巴黎國立外國當代美術院院長Lézarois，此人態度傲慢地說，一九三二年該院舉行的日本美展贏利十萬法郎，意思說中國美展難以相比。悲鴻先生針鋒相對回答：「我們的意圖不在獲利，而在宣傳藝術。」

這次中國畫展取得了史無前例的成功。事後，法國政府購買中國現代畫十二幅，在巴黎外國美術館內闢專室永久陳列，其中有悲鴻先生的一幅《古柏》。批評家甘米葉莫葛雷，曾三次撰寫評論文章，讚揚悲鴻先生，把他的《古柏》一畫，比喻爲十九世紀法國風景大家盧梭之作。巴黎最著名的美術周刊，稱悲鴻先生爲「美術大師」。

六月間，他又應邀在布魯塞爾舉行第二次個人畫展，獲得比利時許多評論家和皇家學會會員、美術學校校長、教授的一致好評。

隨後，德、英、西班牙等國又邀請悲鴻先生去舉行個人畫展和中國畫展。

根據安排，悲鴻先生在十一月于德國柏林美術會舉行個人畫展，柏林各報刊雜誌都發表了歡迎詞。專題評論文章五六十篇，有的還配上悲鴻先生的像片和作品集影，對悲鴻先生大加推崇。柏林美術界的領袖，研究中國問題的學者，歡迎悲鴻先生的到來。柏林美術會的百餘名會員，還特地設宴款待悲鴻先生。

《柏林日報》副刊上特設專欄，用整版篇幅發表悲鴻先生的《九方臯》、《懶猫》、《驚艷》、《鷄》、《六朝人詩意》等作品，並刊載題爲《中國來的動物》的長篇評論，高度讚揚了他在動物畫上所取得的輝煌成就。文章指出：「它們不同凡獸，它們富有特異的生命情調，那匹牽到九方臯面前的馬，昂然聳立，眼光與鼻孔表現出的生命之火，尤勝於馬的體態。而這位識馬者，眼光在銳利的審視中，也充滿着同樣高貴高傲的表情，他全身富有熱情的偉大。」⑤這些畫中動物的逃跑，彷彿都在準備着一種新的動作。本來畫動物容易使我們發愁，很難如此輕快的技法，以表現出他們飛動，更難的是用水墨油色使它們有血有肉，而中國畫家居然成功了。⑥

接着，德國法蘭克福大學的中國學院，也邀請悲鴻先生帶上中國古今作品前往，專設一個展覽會，地點設在德國國立博物館。

年末，在意大利米蘭皇宮舉行了中國畫展，這個宮殿太大，室內溫度很低，悲鴻先生在參加布置展品時，手腳凍得發麻。當畫展開幕時，凡意大利朝野名流均來參觀，他們都是畫展會員，意大利皇太子爲會長。意大利報刊評論這次美展，是中義文化關係史上，自馬可勃羅以後第一次。全意大利的電影院，全部放映中國美術展覽會的記錄片。同時，羅馬又發來邀請電，希望悲鴻先生的作品能前往展出，滿足於廣大觀衆的請求。

一九三四年元旦，悲鴻先生在意大利米蘭受到熱情隆重歡迎，並應邀參觀米蘭大教堂和遊覽當地的名勝古蹟。一月，他離開米蘭，赴羅馬籌備畫展，遊覽了古羅馬帝國的遺址和其他風景名勝，一月下旬，他又往德國柏林籌備法蘭克福中國畫展。在法蘭克福博物館，他臨摹了一張十七世紀荷蘭畫家倫勃朗的名畫《參孫與大莉拉》。

二月十九日，中國畫展在法蘭克福國立美術館開幕，菲理伯親王、法蘭克福市長和法蘭克福大學校長等親臨畫展，並爲畫展剪了彩。在市政廳，法蘭克福市長設宴招待悲鴻先生，出席者一百五十人。宴前，市長請悲鴻先生在金簡上簽名；宴後，專程陪同悲鴻先生遊覽了附近的羅馬古堡。這次展出，觀衆人山人海，有的遠道而來，專程觀看畫展，但展期僅兩周。德國人要求延長展期，因其他地方的畫展還待籌備，無法滿足。畫展一閉幕，悲鴻先生就返回羅馬。

悲鴻先生一到羅馬後，就紛紛受到各國的邀請，特別是蘇聯，屢次電催，要求他必須在五月上旬舉行畫展。悲鴻先生考慮，如先在羅馬舉行，勢必放棄蘇聯的展出。他不願捨大就小，決定前往蘇聯，於是，他返意大利後，便與蘇方接洽，同意赴蘇開設美展。

四月，悲鴻先生抵達蘇聯。五月初舉行預展時，蘇聯文藝界的著名人士幾乎都到場，其中有藝術劇院的卡洽洛夫、卡美爾劇院的主持人泰依格夫和他的夫人，著名表演家柯寧·梅耶荷德夫婦等。蘇聯美術界對這次畫展中的作品所表現的高超的藝術水平感到驚奇，在報刊上長篇累牘地介紹報導，特別讚賞悲鴻先生和齊白石的作品。

五月七日下午四時，中國近代畫展在莫斯科紅場歷史博物館開幕，蘇聯對外文化協會會長馬拉左夫致開幕詞說：「蘇聯各民族與中國民族一向是好友，尤其是在孫中山先生健在時，就如同一家人。這次請先生來開畫展，想從文化上獲得彼此深刻了解，以鞏固兩大民族親切之友誼。

五月八日，中國駐蘇大使館爲中國畫展專門舉辦了茶會，招待蘇聯外交界、教育界、美術界和新聞界人士。大家歡聚一堂之際，紛紛要求悲鴻先生作畫，他即當場畫了一馬一竹，神態生動，圍觀者熱烈鼓掌。悲鴻先生讓隨身的翻譯題詩後，這幅畫即被出身騎兵、對馬有特殊感情的布瓊尼元帥索去。悲鴻先生回國後，又特地畫了一幅自己覺得比較滿意的駿馬，托人轉送給布瓊尼元帥。

五月十一日，蘇聯對外文化協會特備晚餐，招待悲鴻先生及中國駐蘇使館人員。當晚與會者多爲蘇聯美術家及博物館館長。會上具體討論了中蘇美術品交換的問題。

五月二十日，悲鴻先生應蘇聯對外文化協會邀請，作了題爲《中國美術界之近況》的演講。後來，他又應邀赴莫斯科美術會、莫斯科版畫學校發表了演說。

六月初，悲鴻先生又訪問了六十多歲的蘇聯大畫家葛拉巴。在莫斯科，悲鴻先生還參加過不少茶會、酒會和宴會，並和吳南如夫婦同時出席了蘇聯外長莫洛托夫舉辦的酒會。

六月十九日到七月十九日，悲鴻先生應邀到列寧格勒去舉行中國近代美術展覽。列寧格勒舊名聖彼得堡，是帝俄時代的舊都，畫展就在冬宮舉行。

蘇聯美術界十分欣賞中國繪畫，要求悲鴻先生贈送展品，於是悲鴻先生答應雙方交換美術作品。他表示在他可以支配的畫中，任蘇方選擇，結果被選中十二幅。後來，蘇聯人民教育委員會開會決定：贈給中國十三幅俄國十九世紀以來及現代名家畫作。悲鴻先生也以個人名義，向莫斯科美術館捐贈了中國現代名家齊白石、張大千、陳樹人、王一亭等人的十五幅作品。

在蘇舉辦美展期間，他接觸了當時蘇聯美術界大師，如法孚爾斯基、版畫家克拉甫琴科夫婦及他們的女兒、名畫家格拉巴爾，還有雕塑家科寧科夫、文學家里定、皮里涅亞克、《怒吼吧，中國》的作者謝・特列恰可夫等人。他還用法語直接與詩人、蘇聯對外文化協會里定、阿洛賽夫交談。

在蘇聯，悲鴻先生所受的禮遇是前所未有的。而且，他贈給列寧格勒及莫斯科大美術院的中國畫，都設專室陳列。這足以表明蘇聯政府和人民對中國藝術家的尊重和友誼。

七月二十一日，悲鴻先生從莫斯科出發，途經海參威，轉道日本，於八月十七日返抵上海。

悲鴻先生雖隻身一人，但這次出訪，他先後在法國、比利時、德國、意大利、蘇聯等五國舉辦了七次畫展，在各大博物館及大學成立了四處中國近代美術作品陳列室，獲得了巨大的成功。悲鴻先生的繪畫造詣，舉世矚目，萬衆稱道。他，不但向各國人民陳列了自己的作品，並且作爲中國的文化使者，帶去了中華民族燦爛的藝術成就，在中外文化藝術交流史上寫下了絢麗的一頁。

注釋

①徐悲鴻《記巴黎中國美術展覽會》《時事新報》一九三三年十月十二日第四張第二版。

②③徐悲鴻《記巴黎中國美術展覽會》〈時事新報》一九三三年十月十三日第四張第二版。

④徐仲年譯輯《世界文壇及其他》《大陸雜誌》第二卷第一期，一九三三年七月出版。

⑤⑥《柏林徐悲鴻畫展之盛況》《時事新報》一九三四年一月二十二日第二張第二版。

7

對廣西美術事業的貢獻

一九三五年十一月，悲鴻先生第一次遊覽廣西，一九三六年夏，悲鴻先生到廣西定居，直至一九三八年秋，總共兩年有餘。

悲鴻先生爲什麼要離開「歌舞昇平」的南京，拋却優越的教授生活，前往廣西？原因是多方面的。最主要的是，當時他和蔣碧微的夫妻感情已經破裂，與孫多慈的戀愛又受到挫折，才想到廣西桂林過與世隔絕的創作生活。

赴桂之前，悲鴻先生曾於一九三五年九月致函留法時的朋友、廣西省教育廳長蘇希洵，提出去廣西的打算。不久，得到歡迎的覆函。十一月二日悲鴻先生抵達南寧。次日，在武鳴軍訓大隊部的樓上，他臨興潑墨抒懷。僅在十分鐘內，一匹駿馬的雄姿展現在大家的眼前：那戰馬引頸嘶鳴，提蹄撩尾。悲壯雄渾之勢，令戰士振奮，禁不住要縱身踏鞍，馳騁疆場。這幅傳世之作，給大家留下了深刻的印象，十一月四日，在南寧樂群社舉行了小型的個人畫展，其中有《天目山的雲海》、《野渡》、《枇杷》、《桃花》、《老伯》、《春歌》、《懶貓》、《奔馬》、《飲馬》、《哀馬》、《牛》等。這些畫，使人耳目一新，女作家謝冰瑩觀看了他的畫展後，興奮地撰文稱道：「悲鴻先生的畫中充滿了力，充滿了活躍。他的筆調是雄渾的、剛健的，而同時是幽靜的。」那晚，廣西省主席黃旭初設宴，軍政人物濟濟一堂，客廳裏掛著悲鴻先生的長軸。黃旭初興致勃勃，欣賞很久，微笑著對悲鴻先生說：「先生之畫，借物寫時，生動有力；卽是一草，亦是勁草，見之令人奮往。」①

十一月五日，悲鴻先生出席了由省立第一高中組織的「將軍與畫家」的大型聯歡會，到會的有各界青年和大中學生二千餘人，會上的氣氛，隆重熱烈。悲鴻先生和李宗仁先後講話。李宗仁在歡迎詞中表示，悲鴻先生的到來，將使廣西的藝術氣氛換然一新。悲鴻先生在講話中讚揚了李宗仁在廣西的「新政」。李宗仁將陽朔前街一號住房贈給悲鴻先生。三天後，悲鴻先生離南寧赴桂林，在獨秀峰上觀賞日落，桂林的天下獨姿令悲鴻先生嘖嘖讚歎。他撰文道：「桂林山水甲天下，終不能否認也！」②在由水道至陽朔途中，他沉浸於江水盈盈，照人如鏡的景色中，接連發出「人間仙境」的讚語。「漁翁架木筏，魚鷹佇排頭」。這些千古詩章吟咏的天然風光，都是他入筆的題材。當船至陽朔，他無心離去，就宿於江上。

在桂林期間，悲鴻先生和廣西教育廳長雷沛鴻、美術會魏岸覺等進行眞摯、懇切的談話。雷沛鴻等向悲鴻先生提出請求，代爲廣泛徵集當代名家的書畫及雕塑作品，包括悲鴻先生自己的作品，悲鴻先生欣然答應他們的請求，支持他們那種崇尚藝術的舉措。

經過半年的準備，悲鴻先生帶著幾十箱書畫資料於一九三六年六月二日抵達南寧，受到各界的歡迎，在桂林期間，悲鴻先生積極參與各種社會活動。做了許多有益於國家、民族的事情。當廣西當局向全國通電，呼籲國民政府應順從民意，一致抗日時，西南地方將領數十人通電擁護，悲鴻先生也表示響應。他還被聘爲廣西省府顧問，經常出席各種政治會議，接洽重要事務。在藝術方面，由於悲鴻先生的積極支持，廣西第一屆美術展覽會於七月五日開幕。廣西的畫家、美術教師、學生都踴躍參加，徵集到千餘件美術作品，其中包括悲鴻先生本人所藏的國內外名家作品數百件。展覽會會場有三處：一爲廣西省博物館，二爲廣西省教育會，三爲南寧女子中學。展期爲一周。悲鴻先生參加展出的作品特多，其中有奔馬、雄鷹、猫、鵲雀及大幅彩墨畫《田橫五百士》。尤其是《田橫五百士》，被陳列在博物館前，畫前經常站滿觀衆。他所徵集的展品中，有當代國內著名畫家齊白石的蝦、蟹，張大千的山水《文殊院》、《羅浮山》，張聿光的《雉鳥》，張書旂的翎毛，汪亞塵的金魚，高劍父，陳樹人的花鳥，王一亭、吳湖帆、賀天健的山水。還有當時的青年畫家吳作人、張安治、黃養輝、孫多慈的代表作品。展覽結束，擇優頒發獎狀，悲鴻先生在獎狀上親筆簽名。這次美展轟動南寧，盛況空前。爲此，南寧的《民國日報》出版了特刊。在報上，悲鴻先生發表了題爲《廣西第一屆美術展覽會鄙人所徵集的作品述要》的文章。這一次美展使許多美術工作者、愛好者及青少年受到教育和啓發，進而推動了廣西美術事業的發展。特別是悲鴻先生那種根植我國繪畫傳統、融滙西洋繪畫技巧的作品，以及他的現實主義的藝術主張，爲廣西的美術界開創了一個新天地。當時，廣西青年畫家徐傑民遵循寫實主義的手法，給他母親畫了一幅肖像畫，悲鴻先生看了很高興，題字鼓勵說：「吾標榜寫實主義，淺學者多感其難，顧不入虎穴焉得虎子，徒爲優孟衣冠日從事於八股濫調者，終不免自然淘汰耳。」這句話簡要地闡述了他寫實創新的繪畫主張，堅定了傑民走現實主義創作道路的信念。他這種獎掖後進，熱心誨人的教育家風度，給周圍的人留下了極其深刻的印象。

一九三六年九月，悲鴻先生隨廣西省府遷至桂林。省政府就設在桂林公園內。桂林公園地處城中心，園內的獨秀峰巍然屹立，它是廣西風景區之一。悲鴻先生籌備建立的「桂林美術學院」校舍就在園內西南角。悲鴻先生暫住在公園對門的省立圖書館內。館長唐現之是東南大學（南京中央大學的前身）畢業的校友，專攻教育，也愛好文藝，與悲鴻先生極為親熱。悲鴻先生住的是一間正方形的大廳，裏面隔了一小間作爲臥室，外間既是書房、畫室，又是會客室兼招待所。屋裏擺滿了作畫用的大小書桌和可作臨時床的木榻，以及書架、畫架、椅、凳等等，雖然雜亂一些，但却充滿了藝術的氣氛。每天中午，他都在省府內和幾位廳長同桌進餐，其中有教育廳長蘇希洵、財政廳長黃鐘岳、秘書長邱昌渭和總務處長孫仁林等。省主席黃旭初有時也來陪同、

蔣桂關係的好轉，使悲鴻先生更一如既往地把發展美術事業的希望寄托在廣西。他邀請張安治等來桂，幫助他籌健「桂林美術學院」，還計劃把中央大學美術系三、四年級遷往桂林。十二月上旬，張安治來到桂林。他與悲鴻先生朝夕相伴，常常埋頭看書，或研討畫論，有時還要接待賓客。悲鴻先生每天黎明即起，作畫練字，畫種不限國畫或油畫，一切都在得心應手。寫楷書，要先磨墨，通常是墨完稿成。他凝神靜思，意念集中，然後一揮而就，準確、生動、酣暢、自然，熟練至極。他的大型油畫，如廣西歷史上抗法英雄馮子材、劉永福等，都是那個時期的作品。至於素描速寫，則天天不離手，有空就畫。這時，悲鴻先生著力最多的創作，莫過於大幅油畫《廣西三傑》（又叫《廣西三領袖》、《眺望》）。該畫的畫面，爲李宗仁、白崇禧、黃旭初三人騎馬昂首並轡「眺望」。另外，他還創作了《漕江春雨》、《灕江舟子》、《灕江兩岸》、《雪景》、《柳鵲》、《牧童和牛》、《馬》、《風雨雞鳴》、《青岿

渡》等，其中《漓江兩岸》尤爲引人入勝。畫面爲桂林風景，江岸散居著幾隻飽餐後的魚鷹，顯出了一種懶散的神態，形神兼備，相得益彰。而《風雨雞鳴》一畫，描繪了一隻雄雞挺立於風雨之中引頸高鳴的神姿。寓意招呼友人前來，雄渾之意中帶點沉鬱。這幅精心之作，從藝術形式和創作方法上，都臻於眞善美的境界。《青岩渡》是一幅陽朔山水素描，展現了陽朔山水千峰奔騰，隱顯迷離的特點，使人恍如置身其境。

一九三七年冬，悲鴻先生決定到重慶中大美術系任教，但也不放棄在桂林發展美術事業的願望。他的書畫仍放在桂林，讓張安治在桂林安心等待「桂林美術學院」新樓的落成。

一九三八年春，桂林美術學院的樓房建成。悲鴻先生也由圖書館遷進新樓房的寢室和畫室，但令他失望的是，廣西省政府已明確表示，因抗戰爆發，一切非急需的事業均停止，故美術學院亦不能興辦。

一九三八年暑假，廣西教育廳的音樂督學滿謙子建議，利用新建成的美術學院校舍，舉辦廣西全省中學藝術教師暑期講習班，悲鴻先生也開了臨時講座。他講課認眞，細心地引導大家欣賞他帶去的大量藝術珍品。他講解了美術理論，並帶領大家畫人體，練素描。他要求學生很嚴格，十分強調基本功的訓練。爲了培養廣西的美術人材，他眞是操盡了心！

在桂林，悲鴻先生除了教學作畫外，還相當關心當時桂林的進步文化事業。他大力支持歐陽予倩搞桂劇改革，和當時的桂劇名演員多渡蘭、筱金鳳、筱飛燕都有交往，對她們的表演藝術和勇於創新的精神表示讚賞。在悲鴻先生的倡導和影響下，青年畫家張安治、留歐音樂家、指揮家吳伯超等也都先後來到桂林，多次舉辦美術展覽、音樂演奏活動，爲美麗的桂林山光水色增添了異彩。

注釋

①南寧《民國日報》一九三五年十一月十六日「銅鼓」副刊。

②徐悲鴻《南遊雜記》《新中華》第四卷第七期，一九三六年四月十日出版。

3

在印度的一年

一九三八年六月，應印度文學「泰斗」泰戈爾和中印學會及印度國際大學中國學院院長譚雲山教授之邀，悲鴻先生前往印度講學和遊覽。悲鴻先生是中印學會監察委員，也想借此機會，以增進中印兩國的文化藝術交流，攀登喜馬拉雅山，描繪她的神奇的山景。他還打算，在印度舉辦畫展，把所得款項捐給國家，支援抗戰。

一九三八年七月，悲鴻先生由重慶赴桂林，十月間，他帶著自己的作品以及歷年購藏的金石書畫千餘件，離開桂林赴香港。因補辦出國護照手續，在香港停留了兩個月。一九三九年一月九日抵新加坡，三月十四日，他舉辦的籌賑畫展正式開幕，新加坡總督湯姆斯夫婦出席了開幕式。六月完成湯姆斯總督巨幅畫像。十月完成爲王瑩主演的抗戰街頭劇《放下你的鞭子》繪製的大幅油畫。十一月十八日下午，他告別新加坡，乘輪船遠赴印度，當天前往送行者有黃曼士、林謀盛、林慶年、胡少炎、莊惠泉和廣洽法師等。十一月二十四日途經緬甸時，遊覽了仰光等地。二十九日抵印度加爾各答港。

本來，悲鴻先生上岸後，當天即可搭乘火車到聖蒂尼克坦國際大學的美術學院，因爲所攜行李和幾箱藝術品，要從輪船卸下放到海關，待海關檢查之後才能取出，所以他借青年會的宿舍暫息一晚。

第二天，他和譚雲山、俞龍孫同往海關，以便啓箱待檢。當時印度的海關，檢查之嚴，簡直無孔不入，甚至連一條領帶，也要繳付稅金，其餘的東西更可想而知。印度海關規定，凡屬於藝術品，都要徵收百分之五十的稅金。東西無論大小，都要一律塡入表格，其號碼、名稱、性質、數量、價值等，都須一一註明，以備將來離開印度時，海關當局又來一次翻箱倒篋，按單點驗，繳納稅金。

悲鴻先生是富有旅途經驗的人，知道此刼難逃，他不慌不忙地把東西從箱子裏一樣一樣取出來，給關員察驗之後，又把它們一樣一樣寫入表格。最使悲鴻先生煞費心機的是塡寫價值一項。塡多了，眼見用心血寫成的東西，平白地給印度吸去一半，於心不甘，塡少了，自己所得的一半則更少，於心不忍；又要記住塡好的售價，萬一與畫展時的標數不符的話，恐怕出亂子，這三種心理在一個時間內往復徘徊，確有啼笑皆非之慨。

當時，譚雲山和俞龍孫，也都苦笑著臉，一面搖著頭，一面照舊把一樣一樣的東西放回原處，三個人忙了大半天，弄得汗流浹背，腰痛腿酸。經過這番麻煩之後，悲鴻先生正擬鎖上箱子，僱車子搬走。不料又來了一樁比檢查還要頭痛的事，就是迎面來了一位關員，他手裏拿著一個大圖章，一個印盒，說是要在每件畫面打過戳子，海關的任務才算完成了手續。這一下子，可把悲鴻先生驚呆了！因那個銅質圓形印章，直徑至少有一寸半長，再在圈外加上兩隻獅子捧著一頂皇帽的圖像，它的面積該有杯口那麼大，在畫幅面上下這麼一個戳子，不是糟糕透頂了嗎？好在譚雲山會說印度話，和關員再三解釋，也得不到海關的同情，絕無通融的餘地。在雙方僵持不下之時，譚雲山急中生智，馬上給泰戈爾先生打了個電話，說明原委，請他老人家趕緊向海關當局交涉。泰戈爾派了他的侄兒出馬，說了一大堆話，總算把印戳改打在標籤上完事。

十二月六日，在譚雲山、俞龍孫的陪同下，悲鴻先生抵印度大學的所在地——聖蒂尼克坦。聖蒂尼克坦是和平村的意思，四周環境清幽、鳥語花香，碩果纍纍的芒果、似火如霞的木棉，使他觸景生情，吟得：「黍穀成倉欣大熟，江山自由愛清秋」之句。

十二月二十日，在國際大學的藝術學院，悲鴻先生舉辦了第一次畫展，新老學生和其他方面近千人前來參加。這天正是「國大」第三十九周年紀念。大文豪泰戈爾主持了開幕典禮。在開幕時，泰戈爾親致歡迎詞。他充滿激情地說：「我們歡迎足下為中國文化之使者，君携來印度與吾人者則爲精神上之同情，該禮品於無數世紀前已與我輩之祖先間發生聯繫矣。中國與印度共同分享過大文藝復興之朝暾，即今日政治上之滄桑，而其銘感難忘同志之光尚遺存無恙，眞實文明之再生，不來自緊緊追逐於離間與毀滅之權力，而來自內在心靈之表現；如斯之表現，博大而常新，使在人類之大冒險中而親友善鄰。我們於聖蒂尼克坦努力維持內在精神之了解，而其工作之完整則導之以理想與服務人類相擊結，我人相信此殆亞州貢獻與文明者也。足下以藝術之景像來予我人，並與以眞理靈敏之籲淸，則其將戰勝慘絕人寰之環境必無可疑：足下之來遊此，將增益我們之力量，使得我們之從事抵於完成。我以無限愉快，期待一於我們之鄰邦間有極濃厚親睦之紀元到來，並以東方歷史上之事實爲依據，則其必能救我們全體出於近頃之黑暗也。」①

歡迎詞之後，畫展正式開幕。老詩翁坐在裝有雙輪的椅子上，由悲鴻先生親自講解展品，引導參觀。展品的種類計有國畫、水粉畫、素描和油畫，大小共幾百幅，國畫中有馬、貓、鷄、牛、小雀、人物等，也有不多的風景、花、樹等；其餘的如素描，油畫等則多係人物。悲鴻先生崇尚寫實，不喜怪誕。他反對因襲模仿，而以西畫方法獨創新格，因而每幅都獨具特色。畫展期間，印度最有權威的英文雜誌《現代評論》和一些本地語報紙都刊載了悲鴻先生的圖畫和評論，國際大學季刊破天荒刊登他的傑作。這次畫展，對於印度沉寂的畫壇尤如注入了一針「興奮劑」。

二月中旬，悲鴻先生又在加爾各答的印度東方美術學社舉行第二次個人畫展，展出的畫件大小共二百多幅，並印製了畫展目錄。該目錄的第一頁上，泰戈爾親筆撰寫了一篇短序。他在序言中寫到：「美的語言是人類共同的語言，而其音調畢竟是多種多樣的。中國藝術大師徐悲鴻在有韻律的線條和色彩中，爲我們提供一個在記憶中已消失的遠古景象，而無損於他自己經驗裏所具有的地方色彩和獨特風格。

我歡迎這次徐悲鴻繪畫展覽，我盡情地欣賞了這些繪畫，我確信我們的藝術愛好者將從這些繪畫中得到豐富的靈感。既然旨趣高奧的形象應由其本身來印證，多言是饒舌的，這樣，我就升起談話的幃幕，來引導觀衆走向一席難逢的盛宴。」②

此外，「國大」美術學院院長鮑斯先生亦作有序，而更值得一提的是，悲鴻先生畫展開幕式的主持人，是印度現代第一大畫家阿班尼衲囉·泰戈爾，他是老詩翁的親侄。這次畫展結束後，在印度的美術界與文化界，幾乎無人不知悲鴻先生這位中國的藝術大師。

悲鴻先生的這次畫展，本不打算賣畫，但到畫展閉幕的一天，有一位來參觀了該畫展的英國太太，叫做D. White的，用作懇請式的態度，買了三張小畫去，價四百盧比，而悲鴻先生就馬上捐獻了一千元國幣寄回祖國。

悲鴻先生在加爾各答畫展結束，即回到國際大學，開始創作《愚公移山》的畫稿，那裏的學生都成了他的模特兒。一位大腹便便的炊事員拉甲枯馬爾蹄亞，是悲鴻先生這幅作品中的主要雛形。待到他的草稿快要完成時，天氣已漸轉熱，爲了工作方便的緣故，於是他遂到大吉嶺。

他到大吉嶺去的主要目的，是想畫喜馬拉雅山，另方面是爲了完成他的《愚公移山》巨幅。在該地他住在友人丘先生家裏，日間在一印度友人(Kalley)家裏工作。丘先生每日供應他三頓飯，印度友人供他三杯咖啡和三片麵包，以及甘美非常的芒果。他在那裏除作畫外，還遊覽了大吉嶺附近的噶倫堡(Kalimpong)去慶祝泰戈爾八十壽辰，參觀了錫金的首都甘托克，並到商達舖，去看世界上最高的珠穆朗馬峰。及附近之喬戈里峰。

在大吉嶺期間，曾有位枯乞皮哈(Coseh Behar)州（在印度邦加爾省的一個小王國）的太后，要求悲鴻先生用中國畫爲她寫像，另外邦加爾省的總督夫人也來托悲鴻先生替她兒子畫像。當他遊尼泊爾附近時，在致友人的信中曾有一段對拖鼻涕的描寫：「聞二百二（膩）古有女神，鼻拖鼻涕，鼻旁又生一瘤，故二百二人以拖鼻涕爲美人。拖鼻涕有長而不拖者，於心滋戚。於是其女子盛飾其鼻，招搖過市，見者欣慕焉。」在那信上，他且畫了一個尼泊爾姑娘的鼻涕是如何拖法的，那更助興不少。

在大吉嶺的三個月內，他畫成了許多佳作。由於泰戈爾的請求，就在泰翁接受牛津大學榮譽學位的那一天，展覽了悲鴻先生的近作，其中有很多幀喜馬拉雅山峰、馬、人像等，人們又飽餐了他那美術的盛宴。在畫作之外，他詩情如潮，奔湧而生。喜馬拉雅山組詩，就是當時草就的。

無論千山與萬山，裹糧襆被相追攀；
有愛匆茱斯相待，忘却迢迢行路難。

花上九霄花愈濃，四圍山盡白雲封；
向來慣識悠悠態，昧其滋嘘造化功。

幾折峰巒自往還，往還總在翠雲間；
白雲回護山中樹，不管人來要看山。

已及蒼穹入上清，和風習習透衣襟；
二儀於此寄光采，莫憶海潮消長情。③

從大吉嶺回到國際大學後，他又創作了巨幅油畫《愚公移山》，當他畫愚公的鄰居寡婦金成氏的時候，他拿了一張他所畫的王瑩女士的畫像來考量，後來那畫中人，就變成了王瑩女士。有位國大的同學忽然嚷道：「王瑩不是變成Widow了嗎！」引得悲鴻先生和圍觀者都大笑了起來。

九月下旬，悲鴻先生離開了國際大學，然後從旁遮普邦的拉合爾乘火車往西行一夜，來到了喜馬拉雅山西部山市梅麗，並參觀了中國皮鞋兼古玩商店。十月一日晨，悲鴻先生和朋友丘先生一行四人由梅麗乘公共汽車北進，行八小時後，到達克什米爾之首都斯利那加。那裏的毛織品，爲亞洲名產之一，其木器、銅器、琺瑯皆鏤回教文化特殊面貌之細緻花紋。那時，正值本地區物資展覽會，悲鴻先生盡情地飽覽了市上不常見之物品。而又可確知其爲克什米爾之物，興趣殊爲濃厚。觀看了雜耍、流動戲班之演戲等。並參觀了該市博物院，鑒賞了古器物，及回教王朝之繪畫、印度原性雕（爲附近某處所出土之物），惜尚未整理，均堆積墻角，所刻人物，皆有韵致。

一九四〇年十一月下旬，悲鴻先生結束了訪印的行程。回到聖蒂尼克坦，向泰戈爾辭行。泰戈爾先生正値病體稍癒，披着那有波紋的長髮和美麗的銀鬚，躺臥在長椅上。他聽說悲鴻先生要離開印度，便鄭重對悲鴻先生說：「你行前，必須爲我選畫！」泰戈爾先生六十餘歲才開始作畫，到八十歲時，已作畫兩千餘幅。他的繪畫曾在巴黎、倫敦、莫斯科舉行展覽，膾炙人口。於是，悲鴻先生與國際大學美術學院院長南達拉爾・鮑斯先生用了整整兩天時間，將泰戈爾先生的兩千餘幅作品一一檢視，挑選出精品三百餘幅，最精者七十餘幅，交國際大學出版。十一月底，悲鴻先生告別了泰戈爾先生，踏上重返南洋的旅途。

注釋

①②巴宇《海外一孤鴻——徐悲鴻在印度的一年》《宇宙風》（乙刊）第三十四期一九四〇年十二月一日出版。

③《星洲日報》一九四〇年八月九日晚版第四頁。

9

在南洋舉辦籌賑畫展

一九三九年一月四日，徐悲鴻先生乘荷蘭輪「萬福士」號離開香港。一月九日，船抵新加坡。悲鴻先生上岸後，住在牙律三十五巷黃曼士的江夏堂「百扇齋」裏，不時與當地各界商談畫展的籌備工作。

二月十一日，新加坡華人美術會在青年勵志社舉行茶會歡迎悲鴻先生。藝術界人士張汝器、莊有釗、李魁士、賴文基、黃曼士、陳明如、鄭曼珠等三十餘人到會。悲鴻先生在會上發表演說，敍述了這次來南洋的動機和關於中西畫的分野等問題。

二月十三日，他應邀在中正中學演說，勉勵學生培養「大丈夫」精神。他說：「中國從抗戰以後，有一共同口號：叫『自力更生』。中國以往有光榮歷史，但却歷受他人壓迫。特別是日本侵略者的壓迫。中國應發揮本身的力量，以保衛國土；」「中國有中國本位文化，有中國固有的精神。孟子說：『富貴不能淫，貧賤不能移，威武不能屈』，此所謂『大丈夫』精神。我們應本此精神，以抗戰建國；」「但此精神要如何養成呢？孟子曰：『生於憂患，而死於安樂。』『天將降大任於斯人也，必先苦其心志，勞其筋骨，餓其體膚，空乏其身，行拂亂其所爲，所以動心忍性，增益其所不能；』「世界上所有成功的偉人，必須具有此種精神，否則不能發奮，無有毅力，也必不能負救國的大任；」「諸位必須有養成『大丈夫』精神的準備。但應如何準備呢？必先發奮，下一決心。欲力量偉大，必須集群：個人在群衆中，必須遵守紀律。如和尚受戒，爲無量苦事，但他既下決心，便不覺其苦了。」悲鴻先生最後大聲說道：「立志、吃苦、耐勞，便可成爲中國新青年，也便可負起救亡重責，望諸位在學時努力功課吧。」①他的話，激起了熱烈的掌聲。

星華籌賑會主辦徐悲鴻畫展，原定三月四日在中華總商會舉行。在《星洲日報》任職的郁達夫，於三月二日在《星洲日報》副刊上，發表《與悲鴻的再遇》，文中回憶了與悲鴻先生的交往，稱譽其藝術報國的苦心，更讚賞其展出作品《田橫五百士》、《從此》、《徯我后》都是氣魄雄偉的逸品。同日的副刊上，也刊載了黃曼士的《徐悲鴻先生略歷》、史記的《田橫五百士故事》、銀芬的《談悲鴻先生的寫實主義》等文，爲其畫展廣爲宣傳。

三月二十九日，靜方女校紀念「黃花節」。在那裏，悲鴻先生作了題目爲《我們的廣西》的演說。他勉勵學生「要經常注重組織，奉公守法，節約自己的生活，以貢獻給國家，尤其是在困難嚴重到這個地步的時候，每個人都應該以實際行動，來報効國家，使國家渡過這個難關。」②接著，在中華總商會舉行新職員就職典禮上，悲鴻先生又發表了談話。他說他來星島不久，對各方面情勢未盡了解故無甚可言。不過，他以爲，團結一事爲目前切要之圖，而團結之障礙物極應摒棄。

三月十四日下午三時，星華籌賑會主辦的展覽會，在新加坡大鐘樓（維多利亞紀念堂）正式開幕。由中國駐新加坡總領事高凌百主持，當日佳賓雲集，英國駐新加坡總督湯姆斯爵士，中國駐新加坡鄺副領事，及當地著名僑界人士、外國朋友，總共一百多人。這次開幕儀式與往常不同，廢除了繁瑣的儀式，僅以茶點招待賓客。大鐘樓外，懸掛「徐悲鴻教授作品展覽會」的橫幅。樓下入門處，備有畫展目錄。大鐘樓大廳中布置得相當華麗多彩，只可惜場地不夠寬敞，在一百九十二幅展品中，僅掛出中西畫一百零二幅，分成中國畫、水粉畫、素描及油畫四類；題材以人物畫居多，靜物、風景極少，最引人注目者，爲《田橫五百士》、《九方皋》、《廣西三傑》等大畫幅。所展人物畫中，有一幅是孫多慈的畫像：那少女躺在搖椅上，神情怡然，呼之欲動，此畫是悲鴻先生的得意之作。夫人蔣碧微的畫像也不少，如《遠聞》、《簫聲》等。悲鴻先生時常對鏡自描，因此，自畫像很多。展出的新作中還有黃曼士、林謀盛的畫像，人物的形態也都栩栩如生，躍然紙上。作者把握人物的情緒相當嫻熟，不論興奮、沉思、惆悵，都恰如其分，各具特點，給人以很強的感染力。此外，鳥獸畫的取材，也富有新意。在大鐘樓展出期間，採用免費入場的方式，後移至中華總商會展出時，改收門票一角錢，只有購買五角錢一本紀念册的人，才免券入場。另外主辦當局又把《田橫五百士》、《九方皋》、《廣西三傑》影印成畫片，在會場出售，上有悲鴻簽字的一片售價五元，無簽字者一片三元，二十四吋的售價二十五元。因爲這次畫展是爲抗戰籌款而舉辦的，加上悲鴻先生是蜚聲畫壇的大師，慕名而來的人依然絡繹不絕，前後達兩萬餘人次。購買畫片的人相當多，其中《田橫五百士》畫物售量最大。這次賑展，悲鴻先生的動物畫中，鳥、喜鵲、貓、鷄、鴨、鵝等占多數，也深受廣大觀衆喜愛。宗生在《徐悲鴻教授畫展及其他》一文中，對他的作品作了高度的評價，他說：「他的油畫愈遠看愈顯得畫面上色調的和諧和實物的逼眞，可是當你仔細近賞，那畫面上筆觸的優美和靈活，眞使你驚訝。他的國畫氣魄的雄渾，筆法的蒼勁，設色的優美和情調的濃烈，正和他的西畫一樣不同俗品。」③在畫展中，悲鴻先生將歷年購藏的中外名家作品二百餘件其中如任伯年、齊白石、黃賓虹、張大千的畫以及吳昌碩、周湘、蔣石渠、王夢白、方藥雨、汪亞塵、謝公展、吳湖帆、鄭曼青、張善子、溥雪齋、胡佩衡、李苦禪、居巢、居廉、高劍父、趙少昂、歐陽默仙、黃君璧等，悲鴻先生的父親徐達章先生以及悲鴻先生得意弟子吳作人、黃養輝、顧了然、孫多慈、楊建侯等，也都有作品展出。

這次籌賑畫展的辦法是印出籌賑券，廣爲推銷。籌賑券分爲兩種：一百元送畫一張，二百元得指定畫，或請悲鴻先生另畫。畫展至三月二十六日結束，共得叻幣一萬零一百元，連售紀念册、門票及畫片所得二千三百多元，總共得一萬二千四百多元，除從售畫所得一萬一百元中抽出百分之二十給悲鴻先生作旅費外，其餘均歸籌賑會，此筆義款成爲當時廣西第五路軍陣亡將士遺孤的撫恤金。

賑展結束後，悲鴻先生便忙於趕製預定的畫。雖然是臨摹自己的作品，但他一樣認眞、細致。去過他畫室的人，常可看到地上撒滿了他認爲不滿意而丟棄的畫稿。這些棄稿從不送人，也從不出售。

悲鴻先生對待自己的創作一絲不苟，而當新朋、老友向他求畫時，却毫不吝惜。而且他所畫的不是那種應酬式的小品，而却是精心之作。有人認爲，他留在新加坡的作品，有些就比後來收存在徐悲鴻紀念館裏的作品更精彩。

六月，他完成了當時新加坡總督湯姆斯爵士的巨幅彩色畫像。其色彩特別鮮明，背景右邊是一根大圓柱，左邊是一個酸枝茶几，上放總督的白禮帽，背後是一些盆花，上面是青色的雲彩。那酸枝茶几便是黃曼士家「百扇齋」裏的東西。爲了這幅畫，堂堂的大總督屢屢親臨「百扇齋」，給悲鴻先生作「模特兒」；臉部畫好後，再把全套禮服和徽章留在「百扇齋」，讓悲鴻先生繼續臨摹。這一幅畫的潤資為叻幣五千元，是由「新加坡僑生公會」的袞袞諸公合捐的。悲鴻先生照例全部捐獻給祖國。

七月二日，僑領李俊承假佛教居士林潔治齋設素宴歡宴印度國際大學中國學院院長譚雲山。徐悲鴻、郁達夫、王映霞、林謀盛、黃曼士、關楚璞等一同受邀出席，甚得僑領的推崇可見一般。七月六日，比利時駐新加坡副領事勃蘭嘉氏，為酬謝悲鴻先生替其女友珍尼女士作全身油畫像的雅意，特邀徐悲鴻先生、郁達夫、譚雲山、徐君濂等到其寓所歡敘。

八月三十一日，悲鴻先生在《星洲日報》發表了《半年來之工作感想》一文，字裏行間充滿著對前方將士的崇敬，表露出愛國主義的精神。他說：「身居後方者，無論如何努力，總比不上前方將士兵器懸殊無間寒暑之苦哉。出錢者，無論數量如何之大，必不能比得為民族而犧牲性命者之貢獻。」他又說：「我自度微末，僅敢比於職分不重要之一兵一卒，盡我所能，以期有所裨補於我們極度掙扎中之國家。我誠自知，無論流去我無量數汗，總敵不得我們戰士流的一滴血。但是我如不流出那些汗，我將更加難過。」

一九四一年二月九日，悲鴻先生在吉隆坡出席中華大會堂裏舉行的畫展開幕式大會堂門前，高掛藍底紅字橫額「雪華籌賑會主辦徐悲鴻先生畫展助賑」禮堂正中，安放著悲鴻先生精心繪製的小幅粉畫。雪華籌賑會主席致詞說：「我國名畫家徐悲鴻先生的藝術，不獨名震海內外。徐先生救亡心切，特携其傑作出國畫展，籌賑國難，殊堪嘉獎，徐先生在吉隆坡畫展，除自備費用外，並蒙慨然捐出佳作八十幀，交由雪華賑展會義賣。」④然後，輪到悲鴻先生講話：「鄙展主要目的因爲籌賑，爲個人對國內抗戰小小貢獻，亦想爲我國同胞在吉隆坡之文化增加地位。」⑤並強調藝術貴於獨創，剽竊他人作品是強盜可恥的行爲。在畫展期間，他又由吉隆坡乘火車東赴怡保，商討賑展事宜。

二月二十七日，吉隆坡坤成女校師生爲瞻畫家丰采及聆聽美術理論，特邀悲鴻先生演講《畫家的派別》。在講詞中，對畫家的派別和源流有精闢的分析，也鼓勵學生，在國難日艱的情況下，專心學習，以期捨身奮鬥，爭取自由。他諄諄告誡，增添了學生們抗日的勇氣和信心。

三月一日，在怡保波士打律韓江公會，他出席霹華籌賑會主辦的徐悲鴻先生畫展開幕式。在熱烈的掌聲中，主席張珠致詞，副主席劉伯群報告籌備畫展經過，悲鴻先生也在這次會中作了演說。自一日開幕以後，各界購畫者踴躍。四月，又舉辦籌賑畫展於檳城，收入達一萬二千叨幣。

悲鴻先生在南洋四次籌賑畫展中，共得叻幣六萬餘元全部捐獻給國家作救濟難民和勞軍之用。在偉大的抗日戰爭期間，他作爲一個優秀的藝術家，盡自己最大努力爲國家作出了貢獻，贏得了國內同胞和海外僑胞的欽敬。

在南洋畫展期間，美國援華聯合會，曾邀請悲鴻先生赴美舉行中國現代畫展。原計劃八月啓程，後因國際局勢緊張，遲遲未能啓程，他一直留在新加坡。

十二月八日晨，太平洋戰爭爆發。從這天起，由於日機轟炸了新加坡，警方加緊搜捕日本特務。九日晨，悲鴻先生從中華書局新加坡分局走出來，打算到吉寧街去看一位朋友，他頭上戴著一頂闊邊的禮帽，頸上打著一朵特大的黑領花，手提羚羊角「士的克」。當他路過中央警局時，被裏面一位馬來亞籍的警察攔住。他一把抓住悲鴻先生的左手，將他往警局裏推，口裏喝叱道：「汝惡狼日本！嗎那畢幾？」（你這日本人！想往那兒去？）那警察將悲鴻先生誤作日本人了。而悲鴻先生不懂馬來語，無法分辯。警察再追問他時，他只好用法語回答。警察見他嘰哩咕嚕了一陣子，更認爲他是日本人了。

正當警察將悲鴻先生推到警局後部的臨時拘留所時，迎面出來一位英籍警官，悲鴻先生遞給他一張印有英、法、中三種文字的名片，那警官一看，方知他是不久前爲湯姆斯總督畫像的大畫家。於是馬上向他賠禮道歉，並請悲鴻先生到他辦公室去喝茶。

在辦公室裏，悲鴻先生回想起剛才的事情，覺得很有趣，又怕忘記了那位可愛的「警察」形象，於是摸出速寫簿記下來，並題上了「可嘉的敵意」幾個字，警官看到速寫，佩服得五體投地。立即招來一名華籍警察，要他轉達自己的願望，「我爲剛才的事，向您致萬分歉意，我十分欽敬閣下，因此我大膽地向閣下提出一項過分的要求，希望閣下把剛才寫成的這幅畫送我，讓我永久地珍重它……」悲鴻先生一口答應。他在畫上簽名後，又問了那警察的名字，然後在畫上註明：「爲了紀念一宗可嘉的敵意事件」。然後，將畫送給了警官。

一九四二年初，新加坡的形勢危在旦夕。悲鴻先生隨身攜帶的藝術珍品數量很多，而且體積大，一時無法運回祖國。他焦急萬分，又不忍心撇下這批積累多年的寶貝。最後，他決定留在新加坡，與他的藝術珍品共存亡。在這緊要關頭，他認識了一位姓劉的朋友，他勸說悲鴻先生：「別人可以留下，你徐先生是國際聞名的大畫家，萬一犧牲掉，將是國家重大損失，我幫忙將你的畫送回國去。」悲鴻先生這才決心歸國。

一月三日，悲鴻先生見盂中尙有餘墨，便吩咐新加坡的青年畫家馬駿將四張宣紙平舖在地上，他蹲地用大筆繪寫了巨竹四幅。他說：「馬駿爲我搬遷多次，贈一幅留念，瑞亭先生也贈一幅，希笑納之。⑥一月六日，他隨身携帶着《八十七神仙卷》等國寶，登上了新加坡最後一艘開往印度的巨輪，途中下船經緬甸仰光轉滇緬公路返回國門。他的藝術品也在劉先生的大力幫助下，順利地運回祖國。

注釋

①新加坡《星洲日報》一九三九年二月十四日。
②《徐悲鴻演講廣西》新加坡《星洲日報》一九三九年三月三十日。
③新加坡《星洲日報》一九三九年三月十六日。
④⑤《徐悲鴻畫展在總商會舉行》新加坡《星洲日報》一九四一年二月九日。
⑥馬駿《淪陷時期的曼老》《黃曼士紀念文集》新加坡南洋學會一九七六年出版。

10

從昆明到重慶

在抗日戰爭後期的一九四一年至一九四二年間，昆明已成為我國西南的文化中心。國內各名流一時風雲際會，全國書畫名家，亦先後來昆舉辦畫展。在南洋各地舉辦籌賑畫展剛剛回國的藝術大師徐悲鴻先生，途經滇西古城保山時，在當地人民懇請挽留下，舉辦了籌賑畫展，展出地點在城東北角的荷花池旁「新運服務站」，展品六百餘件。各族各界爭相參觀，盛況空前，訂購者亦相當踴躍。畫展後，他不辭辛勞地跋山涉水，走遍了大理的名山勝景，積累了大量素材，逗留將近兩月之久。

當時雲南大學校長熊慶來先生，乃國際知名的數學家，早年留學法國時，與悲鴻先生友善，悲鴻先生抵昆後，應熊校長之邀請，住進雲大之映秋院，該院為雲南省主席龍雲之夫人顧映秋捐資修建，環境清幽，悲鴻先生每日晨起，堅持作畫，以完成在保山、大理畫展時所訂出之畫。

一九四二年五月間，悲鴻先生在昆明武成路華山小學大禮堂再次舉行籌賑畫展，作品百餘件。走進展室，人們首先看到的是巨幅油畫《田橫五百士》，在這幅七平方米的畫面上，人物衆多，栩栩如生，呈現出壯懷激烈，生死與共的情景，烘托出非同尋常的悲壯場面。這對處於民族存亡的戰爭年代的邊城人民來說，無疑會得到教育、受到鼓舞。

與《田橫五百士》畫幅相近的另一幅是《徯我后》，其內容雖不甚好懂，但觀展的人們看到災情深重，田地龜裂荒蕪，百姓備受塗炭，一個個衣不蔽體的災民仰天而望雲霓的攝人心魄的場面，自然會聯想到國難當頭。

此外悲鴻先生的其他名作如《愚公移山》、《九方皋》、《巴貧婦》、《巴人汲水》、《群馬》等，也一一和觀衆見面。那一幅幅超群絕逸的佳作，具有鮮明的民族風格，濃烈的時代氣息，深深地感染、教育、鼓舞著南疆人民。展覽氣氛熱烈，觀展人絡繹不絕。當時由於貨幣貶值，晝夜之間幣值相差甚遠，悲鴻先生爲了能爲抗日勞軍作出貢獻，所訂畫價乃以米價爲標準，則不致受貨幣貶值之影響，而愛國人士，富商大賈，爭相訂購，悲鴻先生以全部收入，作爲勞軍捐款。

那時昆明學畫青年從其門下者有熊慶來之子聯大學生熊秉明，有袁曉岑，當時雲南大學文史系學生，還有中央大學藝術系學生劉文清，悲鴻先生對這些學畫青年，關懷備至，每有所請教，無不耐心熱情指導，詳加講解，並進行示範，當時袁曉岑請教畫馬時，他便拿出速寫本來供袁參考。其中馬的速寫最多，動態各異，法度謹嚴，一絲不苟，有如雕塑，這是悲鴻先生一再強調的。當提到雕塑時，他最推崇羅丹的老師白里的動物雕塑，因袁曉岑自小就喜歡雕塑，因而受此影響更深，堅定了袁走繪畫與雕塑的藝術道路。他經常是邊畫邊談，介紹他的一些國畫技巧。諸如以硬排筆先蘸淡墨，再用排筆兩角各蘸不同濃淡之墨，用筆自上而下，畫成大竹，再以濃墨勾節，圓渾之大竹，頃刻而成。又如以小楷禿筆夾於食指及中指間，以無名指尖抵住紙面，隨心所欲，寫出柳條，可達數尺，流暢自如，婀娜多姿。

那時日機時來空襲，警報頻傳，每次到郊區農村逃避敵機時，悲鴻先生總是喜歡畫水牛，並示人以水牛如何畫法。在疏散中，一次途經袁曉岑家，當見到袁養的小孔雀和畫的小孔雀，悲鴻先生很感興趣，並對袁予以指教。

悲鴻先生在昆明時，除繪製大量被訂購的畫，也爲友人畫了不少畫，有一次在一家姓劉的公館裏曾畫一幅水牛，正揮灑間，有滴墨汁正滴於畫的空白處，他含笑凝思片刻，隨卽將牛尾往那墨汁的方向用去，那一墨點就像從牛尾巴上用出去的一樣，並題款曰「悲鴻寫泥牛」眞是天衣無縫，妙趣橫生。

在昆明期間，悲鴻先生爲避敵機空襲，曾應邀住進時佩現在昆明郊區的別墅，並爲佩琨之母繪油畫肖像，潤筆爲十兩黃金。這張像採取適當誇張手法，畫得頗有個性，這是他在昆明時畫的唯一一張油畫人像。他還送給昆明的裱畫師傅張寶善一副對聯：「新柳迎風舞，山茶冒雨開」。

一九四二年六月下旬，悲鴻先生返回重慶，受到了中大師生和重慶文化藝術界的熱烈歡迎。他除繼續在中大藝術系任教外，並於十月間，利用中英庚子賠款，籌辦研究性質的中國美術學院。他首先提出聘請研究員的三個條件：第一、須有可見人之作品五十件以上；第二、文筆流暢；第三、須有利人之事實，至少五人知其傾向。同時，還規定了研究人員的義務與權利：即不使國家妄費一分錢；對研究員也不加任何不合理之束縛。並決定，在抗日戰爭取得最後勝利以前，僅作籌備，不宣佈成立。待研究員作品可觀，國家形勢好轉時，再正式成立中國美術學院。同時也宣佈：如果同仁努力不足，信譽未立，援助既無，同情亦缺，此理想中之中國美術學院，或竟不成立亦未可知也。

經過一段時間的籌備，應聘的研究員有張大千、吳作人，應聘的專任副研究員有李瑞年（初期兼秘書）、陳曉南，艾中信、孫宗慰、張倩英等，人在外地及已有他職的兼任副研究員，有張安治、黃養輝、馮法禩、沈福文、費成武，助理研究員有宗其香。學院的院址設在重慶郊區的磐溪石家花園的石家祠堂，這是一座建築在山上的房屋，全部用石頭砌成，出門便是一條青石板路，沿山而下，直達嘉陵江畔。悲鴻先生和在渝的研究人員均已遷入。後來又通過考試，在桂林招聘廖靜文女士爲這個學院的圖書管理員。

一九四三年暑假，悲鴻先生曾帶領美術學院籌備處的研究人員到成都附近的青城山寫生。大家一起住在一座宏大道觀「天師洞」內，每天各人外出作畫。觀中有一棵約二千年的老銀杏樹，成了大家寫生的對象，悲鴻先生除了隨時指點各人的作業外，並用油畫爲這一大樹寫照。黃昏的散步，夜間的乘涼，他總是向大家談其在國外奮鬥的經歷，或對美術事業前途的展望，有時也詢問兼職研究人員在外地工作的情況和問題，或大家縱談國事。直到「知更鳥」連啼。才興盡安寢。

悲鴻先生在這裏獨居一室作畫。先後畫了屈原《九歌》中的插圖：《國殤》、《山鬼》、《湘君》、《湘夫人》、《東皇太一》、《雲中君》等，且將《國殤》及《山鬼》兩幅畫成大幅國畫。《國殤》是詩人歌頌那些爲國犧牲的戰士，《山鬼》則是詩人藉一位美麗的山神懷念一位公子，象徵詩人懷念故國的心情。也正是這種熱愛祖國的感情，支持悲鴻先生從事這些創作。

同去的這些畫家們都在努力作畫，除了在青城山寫生，還有些人到灌縣附近趕集，畫少數民族和那五光十色的集市風光。

一九四四年初，悲鴻先生所領導的中國美術學院籌備處在重慶中央圖書館舉行第一屆美術展覽會，全部展品約一百五十餘件，包括國畫、油畫、水彩畫、粉畫、竹筆畫、書法。琳瑯滿目，美不勝收，其中悲鴻先生畫的馬和《山鬼》及孫宗慰的西北邊疆寫生最受歡迎。此外馮法祀的戰場素描，黃養輝的時人肖像亦甚惹人注目。從展品可看出「中國畫」的新芽已漸漸成長，在展覽會中，悲鴻先生不斷向人們介紹新國畫是怎樣畫出來的。

在當時的陪都重慶，美術展覽會不斷，但值得人們稱道的，就是那次中國美術學院畫展，它的展品雖然不是最完美的作品，但在當時已是最高水平。正如陳樹人在《中國美術學院畫展獻詞》中指出：「中國美術學院之創立，悲鴻先生領導多數有豐富藝術修養和精純繪畫技能的優秀同志。用他們的心血來灌溉新國畫的花朵，這次展覽，就是他們力作的結晶。」①

注釋

①《中央日報》（重慶版）一九四四年二月二十二日四版

十一

主持北平藝專

由於種種原因，三十年代初，悲鴻先生和蔣碧微就在感情上產生了裂痕，而且愈來愈深。直至一九四五年底，徐蔣宣布正式離婚。不久，悲鴻先生與廖靜文女士結爲伉儷。

一九四六年四月，悲鴻先生被任命接管北平藝術專科學校。五月二十九日，他偕新夫人乘民生公司的「民聯輪」離重慶東下。「民聯輪」是馮玉祥的專輪。船上載着幾百位各界人士，其中有李濟深、譚平山、田漢、安娥、王冶秋、呂斯百、吳伯超、吳組緗、褚輔成、李士釗等。馮玉祥組織知名人士講演，還創辦了一種油印的《民聯日報》。他自任社長，譚平山任編輯，王寵惠爲法律顧問，日出一期，共出版了六期。每篇文稿的稿酬是兩個鷄蛋。在船上的悲鴻先生，也應邀講演和爲《民聯日報》撰稿。

六月三日，「民聯報」抵達南京，悲鴻先生經不住長途跋涉的勞累，到南京後就住進醫院。他軀在病床上，口裡銜着體溫表，手裡却握着筆在紙上勾勾劃劃，編製着他打算聘請的教授名單。

八月初，悲鴻先生就任國立北平藝術專科學校長。悲鴻先生對學校原有的師生，分別採取兩種措施：凡學業優良的、因思想進步而被訓導處除名的學生，一律恢復其學籍。凡落水失節的教師，一律停聘。有些人反覆托人說情，悲鴻先生均拒之門外。另外，視其才學批准二、三名不占名額的兼職教員。當時有個不學無術的人，多次找悲鴻先生強詞奪理，非要撈一個「教授」頭銜，悲鴻先生堅持不同意。那人氣急敗壞，竟上告到南京。悲鴻先生並沒有被嚇倒，而是明確地指出：這人無才無學，我怎能拿「教授」做「人情」？在悲鴻先生的堅持下，那個人的「教授」夢破滅了。

爲了加強同學們的基礎訓練，悲鴻提出：無論學油畫雕塑，還是學國畫，均需學習一年素描。誰知，有人却以此攻擊悲鴻是用西洋畫改造中國畫，還有三個國畫老教師竟以罷教相威脅，給悲鴻扣上了「摧殘國畫」的罪名。在壓力面前，悲鴻堅持他的觀點。他認爲：學習翎毛、花卉，以及其他畫種，必須經一年的素描訓練，在此前提下，才可談進一步發展。同時進一步提出：國畫要反映人民的生活。

一九四七年秋天，北平市美術協會開始圍攻悲鴻，印發了《徐悲鴻摧殘國畫》的傳單，到處張貼，混淆視聽。針對這種惡毒攻擊，悲鴻先生予以有力的回擊。他向各報記者發表了書面談話，闡述了他在國畫問題上的主張：應該吸取古代藝術的精華，剔除糟粕；要學習古代畫家「師法造化」的創造精神，不應因循古人的陳法。他強調說：「徵諸國畫之需要與學生之志願，皆願摹寫人民生活，無一願意摹仿古人作品爲自足者。」在新聞界記者招待會上，悲鴻還就建立新國畫問題，批評那些不合時宜的主張：「我覺得畫不能專學哪一國的畫，而要中西兼通，學國畫更不能不了解西洋畫，而要打通中西的鴻溝，不要死鑽牛角尖，並且要有變化，不能千篇一律，每人應有每人的風格，就好像吃菜一樣，有紅燒也有清燉，也有炒菜，不能全是紅燒。」①悲鴻又根據有些人不務實際，徒求形式，不看現實，空談神韻的想法和做法，尖銳地指出：「物有本末，事有終始，應知所先後。不得其正，焉知其變？不懂形象，安得神韻？故不能把握現實，而徒言神韻之人，我將用以大文豪魯迅所形容刻畫的人物，名之曰「藝術中之阿Q。」②悲鴻表示，只要他在美術界一天，就要同頑固派抗爭到底；抗爭總是無情的，不應該迴避和畏懼。他針鋒相對地組織了北平美術家協會，由齊白石任名譽會長，悲鴻任會長，吳作人任理事長，許多進步教師任理事。該會團結了廣大美術工作者，並舉辦會展，出版刊物，產生了重大的影響。

悲鴻先生上述一系列言行，直接導致了他和訓導處的矛盾。學校裡相繼發生了幾起由反對派操縱的「倒徐」運動，面對反對派的迫害，悲鴻先生含憤寫下了魯迅的詩句：「横眉冷對千夫指，俯首甘爲孺子牛」，並將對聯掛在辦公室裡，作爲自己的座右銘。

悲鴻先生一貫愛護青年，爲人剛正不阿。一九四八年夏天，他再一次爲自己的學生、同事齊振杞的不幸慘死伸寃。當鬥爭最激烈時，他又拖着病身，拄着手杖，親自上北平地方法院出庭作證。他仗義執言，悲憤、有力地指控了「殺人」犯楊靜波，並痛斥社會的黑暗，使被告和他的律師以及證人啞口無言。

齊振杞又名齊仁，一九一六年生。年輕時習畫，悲鴻先生賞識他的才華，安排他在重慶中國美術學院任職。以後，他又任國立北平藝術專科學校教員。一九四八年六月，因患內痔，在悲鴻先生介紹和擔保下，入北平市立醫院治療。六月十七日，主治大夫楊靜波玩忽職守，對齊振杞的醫療極不負責任，導致齊在手術一週後，轉症死亡。齊振杞死後，悲鴻先生同友人以北平藝專的名義，向北平地方法院提出訴訟，要求對玩忽職守的楊靜波治罪。他們將齊的屍體送協和醫院解剖化驗，證明確實死於腎結晶尿毒症。楊靜波自知這場官司不易收場，急忙請了當時專爲漢奸辯護的北平著名的刀筆、大律師劉煌爲辯護人。並拿出六七億法幣，以劉煌的名義大擺宴席，邀請平津兩地各報的負責人出席，乞求報界爲其遮醜。悲鴻先生得知此情後，異常氣憤地說：

「無恥之尤，既敢作惡，又不敢承擔，非好漢也。官司，我們要打下去！」楊靜波後來托人轉寰，願以十五條黃金作賠償，與悲鴻先生私下了結此案。悲鴻先生極其鄙視的說道：「在楊某眼裡，金錢是萬能的。豈知我們這些人向不為金錢所動。振杞死後，楊靜波的這些可恥活動要揭發，讓世人看到當今社會的黑暗。」

一九四八年九月十七日，北平地方法院再次開庭，被告楊靜波承認他一週只到三等病房查房一次，不承認齊振杞是因爲他的貽誤轉症致死。悲鴻先生由義務律師費青教授陪同出庭，引起全場注意。當時五十三歲的悲鴻先生，頭髮已花白，身體虛弱，但他振作精神，爲友人伸張正義。當法官問到他的時候，他拄着手杖站起，悲憤地說：「法庭是神聖的地方，人人應該說眞話。齊振杞先生之死太慘了。他住院我是保證人。六月二十日，他病情忽然加重，我去看望，他說想嘔吐，不能小便。通知了主治大夫楊靜波，楊因他居三等病房，不予重視，亦不予治療。二十二日，齊君轉尿毒症，病入膏肓。二十三日，楊大夫才到病房，已不能挽救。區區割痔小症，竟陷齊君於死地，楊靜波實應負殺人之責，而齊君誠可謂時代之犧牲者。更有甚者，楊靜波自知罪責難逃，竟大擺宴席請新聞界，妄圖封鎖開庭受審消息，又托人願出黃金十五條，私了此案。楊靜波若不治罪，天理何在？」③一席話說得楊靜波無言答對。

注　釋

①據當時油印傳單，由王學仲教授收藏供稿。

②徐悲鴻《當前中國之藝術問題》《益世報》一九四七年十一月二十八日第六版。

③張高峰《徐悲鴻何故到法庭》香港《大公報》一九八三年七月二十八日第十六版。

12

鞠躬盡瘁
楷模長存

一九五〇年四月，原北平藝專與華北大學三部合併爲中央美術學院，悲鴻先生任院長。他在全院大會上噙着熱淚致詞：「這是我一生中感到最光榮、最愉快的一天，我決心爲進一步發展美術教育事業並竭盡餘力。」

悲鴻先生就任中央美術學院院長後，有一天在家裏向客人們鄭重地打開了一卷手稿給大家看，裏面原來是他對現實主義藝術工作的見解。他肯定地認爲，將來藝術事業的發展將是一種排山倒海的氣勢，各方面對於藝術的要求，也將是十分迫切的。他特別舉雕塑爲例，說：「我十五年前在蘇聯曾看到，那裏的博物館、廣場上、地下車站或其他巨大建築物前，都豎立着英雄塑像。我們將來也需要做這份工作。我們有多少歷史上的偉大人物——就在這一個時代裏，數不清的可歌可泣的英雄事跡，可以作爲塑造的對象，一方面是，我們有責任來歌頌這些民族的精英；另一方面是，不可能讓那些巨大的公共建築物旁邊，缺少藝術的氣氛，假如是那樣的話，就和我們這個偉大的國家不相稱了。」①

五月，他曾接受《光明日報》記者的訪問。悲鴻先生對記者說，我國美術教育的方向應與過去不同，「技術惡劣固然不成，但是美術作品一定要求是勞動人民喜聞樂見的東西，好像戲曲是從勞動人民中間來的，經過加工，用不同的技術表現出來，美術也如此。這是一個重要的條件。同時我們要注意不要使作品庸俗化。」談到中小學美術教育時，他說：「必須以培養學生的想像能力和觀察能力爲主，必須提高學生對美術的興趣，灌輸正確的美術知識。各校應當製備適當的石膏像模型和世界名畫圖片，讓學生時常觀摩。這樣，可以幫助他們在將來學習任何專門科學時，都具備了基礎。」②

在繁忙的工作之際，悲鴻先生仍按計劃搜集選編了一部東方和西方著名素描畫集，約一百幅左右，附帶寫了一篇如何進行素描練習的短文，供一般研究美術者欣賞和參考。他還編寫了一部有關東西方著名繪畫和雕刻技巧的書，約有四百幅畫頁。

九月，悲鴻先生提出爲英雄模範人物畫像，儘管這時他的身體很弱，學校爲他安排的戰鬥英雄勞動模範座談會，他都堅持出席，並與英模們促膝交談。有一天，騎兵英雄郤喜德來作報告，悲鴻先生讓師生爲他畫像，還建議請他爲師生表演騎術。悲鴻先生感嘆道：我畫馬多年，畫的都是野馬，未嘗研究騎術，現在有這機會，很想彌補這個不足，待今後或可作戰爭畫之準備。那天下午，他親自趕到八大處某軍駐地，觀看郃喜德精彩的騎術表演。歸來時，已是黃昏時分，他依然興致勃勃，忘記了疲勞。

一九五一年初夏，悲鴻先生不顧年老體弱，抱病到山東導沭整沂水利工地參觀、訪問，體驗生活兩個多月。這個巨大水利工程，自一九四八年起，山東、江蘇兩省在不違農時的情況下，每年分春末與寒冬兩期開工，每期動員民工數十萬人。悲鴻先生看到數十萬群衆一鎬一鍬，將長達十三華里的馬嶺山的岩石移去，很自然地聯想到愚公移山的寓言。在工地上，他爲民工勞動模範呂芳彬、任繼東等人畫了肖像，並搜集了不少創作的素材。

回京後，悲鴻先生興沖沖地向大家談論自己的所見所聞。他深有感觸地說：「從前，我曾畫過傳奇故事中的《愚公移山》，可是這一次，當我見到導沭整沂水利工程時，覺得更親切、更生動。」他說：「幾十萬人集中在一個山邊或水溪，分工合作，萬衆一心，論場面，論氣派，論現實意義，當然遠非《愚公移山》所能比擬的。③接着，悲鴻先生就準備創作新時代的「愚公移山」——《導沭整沂水利工程的萬分之一》，以此反映水利建設面貌。每天，他都埋首在畫稿上，反覆構思。

七月二十一日晚，悲鴻先生和友人談到深夜，然後由夫人送往外室就寢。次日上午九時半，廖靜文見他還不起床，就推門看個究竟，發現他已不能動彈，便立即送往醫院。經中外醫生診斷，是患了腦溢血。開始的幾天，他神志不清，不能進食，只能插鼻管輸入流汁。一週後，病情稍見好轉，能吃一點東西，並能講話了。醫生要求他每天只能講十分鐘的話。女兒來探望他，他高興地拉着她的手問長問短，並回憶自己帶同學去山東導沭整沂水利工程體驗生活的情景，積累了不少速寫和素描，準備創作。

在醫院裏，悲鴻先生多次囑咐廖靜文：「萬一我不幸病逝，要將我的創作和珍藏的中外美術作品全部捐獻給國家，供全國人民欣賞。」

住院期間，悲鴻先生還時時惦記學校的情況，特別是對教師的學習更爲關心。當他獲悉學校在討論各種藝術流派問題時，就很感興趣地詢問爭論的內容和範圍。對寫實主義與現實主義、自然主義和形式主義等問題，他還零零星星地說了自己的看法。

一九五三年春，悲鴻先生的病情稍有好轉，就外出參加會議，他不辭勞苦，常到辦公室處理一些教務，並到教室檢查學生的學業。在處理公務的間隙中，仍揮筆作畫。有時候中午也不回家休息，買個烤紅薯作午餐也是常有的事。師生看到這情形，勸他應該注意身體。他總是以「工作需要」來回答。他發現：學生的素描不注意細部刻畫，無統一調子，顯得支離破碎，而且千篇一律，幾乎看不出是誰畫的，為了糾正這種傾向，他每天到校親自指導畢業班的業務學習，找出不少西洋畫素描的圖片，讓學生們觀摩，分析其中的優劣之處。

一九五三年夏天，悲鴻先生不顧醫生勸告，外出工作。在他的倡導下，中央美術學院和華東分院的部分油畫教師組成了進修小組，着手繪畫基本訓練。他親自擔任學員們的輔導，參加總結座談會，提出了不少意見。事後，他說：解放以來，凡事要作總結，這非常好。過去搞業務，就缺少這樣的總結，所以不能鞏固成效。他還為畢業生講課，將自己的知識傳授給他們。

這一年初秋，日本名畫家、國際和平獎獲得者赤松俊子女士來我國訪問，同時展出了她的一部分作品。北京美術界舉行歡迎大會，悲鴻先生是這次集會的主席。在會上和會後，他高度讚賞了赤松俊子女士的繪畫藝術，認為可以列入世界畫壇而無愧色，尤其對女士和她的丈夫丸木位里先生那種本着人類正義、本着民族責任感、本着藝術家的良知與頑固勢力抗爭的精神，更給予了很高的評價。

九月中旬，顏文樑訪問了悲鴻先生。當顏文樑問他健康情況如何時，悲鴻先生高聲笑道：「啊！沒有什麼，只中了一次小獎。」（指第一次腦溢血）他還是昔日那般爽朗、坦率，充滿感情。他們暢談了一日，非常愉快。當顏邀他十月份去上海一遊時，他欣然同意了。

九月二十二日，悲鴻先生聽說黃苗子小病剛起，便到黃家去探望，並贈給黃一套《八十七神仙卷》印本。晚上，他在全聚德菜館請朋友吃北京烤鴨，那晚，高朋滿座，舊友新知，濟濟一堂。最後賓主盡興而散。

當晚，悲鴻先生應國際貿易促進委員會之邀，出席招待波蘭畫家的宴會。入席後，他還用法語與波蘭外賓交談。但由於過度勞累，不久，他就覺得頭痛，馬上被送醫院。又派專家前往會診。因腦溢血復發，經搶救無效，於一九五三年九月二十六日晨不幸逝世，享年五十八歲。

悲鴻先生是我國現代具有民主、進步思想的愛國主義畫家，爲我國美術教育事業作出了傑出的貢獻。悲鴻先生不幸逝世，是我國藝壇的一個重大損失，我們將永遠懷念着這位藝術大師。

注釋

①丁楚《拜望徐悲鴻先生》《大公報》（香港版）一九五三年八月三十一日第八版。

②徐悲鴻先生《美術工作的意見和經驗》《光明日報》一九五〇年五月三十日。

③袁誼《徐悲鴻先生二三事》香港《大公報》一九五三年十一月三日。

新視覺
新美術
新人物
雄獅美術
HSIUNG SHIH ART MONTHLY
4
1989
"雄獅美術"是台灣歷史最悠久的專業藝術雜誌，
每期的精心編排設計，
爲讀者介紹最值得認識的創作心靈，
同時也爲國內
業邁向新階段投注了最大的努力，
迎您訂閱支持。

㈠中國美術			
1-001	中國美術之旅	莊伯和著	140 元
1-002	佛像之美	莊伯和著	130 元
1-003	民間美術巡禮	莊伯和著	130 元
1-004	敦煌藝術	沈以正著	160 元
1-007	中國器物藝術	劉良佑著	150 元
1-008	藝術欣賞與人生	李霖燦著	180 元
1-009	中國繪畫史	高居翰著・李 渝譯	380 元
1-010	自然與畫意	李義弘著	250 元
1-011	中國古代繪畫名品	石守謙等著	280 元
1-012	美的沈思	蔣 勳著	150 元
1-013	中國美術史稿	李霖燦著	250 元
1-016	書法新道	尹之立著	140 元

㈡台灣民俗藝術			
2-001	台灣民間藝術	席德進著	180 元
2-002	台灣宗教藝術	劉文三著	160 元
2-003	台灣早期民藝	劉文三著	170 元
2-004	台灣土著文化藝術	劉其偉著	160 元

㈢中國建築			
3-001	台灣近代建築	李乾朗著	250 元
3-002	金門民居建築	李乾朗著	300 元
3-003	中國名山古剎(上下二册)	雄獅美術編	1500 元
3-004	台灣建築史	李乾朗著	650 元
3-005	板橋林本源庭園	李乾朗著	140 元
3-006	淡水紅毛城	李乾朗著	140 元

㈣西洋美術史			
4-001	西洋美術史綱要	李長俊著	150 元
4-003	西洋社會藝術進化史	邱 彰譯	300 元
4-005	漫畫西洋美術史	視覺美術社	250 元
4-006	藝術史的原則	曾雅雲譯	250 元

㈤西洋美術理論			
5-001	達文西繪畫論	達文西著	120 元
5-002	羅丹藝術論	雄獅美術編	140 元
5-003	現代畫是什麼？	李 渝譯	120 元
5-004	藝術的冒險	謝里法著	160 元
5-005	現代繪畫理論	劉其偉著	170 元
5-006	視覺經驗	杜若洲譯	160 元
5-007	藝術與視覺心理學	李長俊譯	250 元
5-008	造形原理	呂清夫著	150 元
5-009	藝術鑑賞入門	曾雅雲譯	250 元
5-010	杜象訪談錄	張心龍譯	150 元

㈥中國畫家與畫集			
6-002	任伯年	李 渝著	80 元
6-003	齊白石	蔣 勳編著	80 元
6-004	當代藝術家訪問錄㈠	席德進等著	120 元
6-005	當代藝術家訪問錄㈡	廖雪芳著	120 元
6-008	洪瑞麟礦工速寫集	雄獅美術編	200 元
6-010	陳澄波畫集	雄獅美術編	250 元
6-013	20世紀台灣畫壇名家作品集	謝里法編	3000 元
6-015	李成	李明明著	80 元
6-016	展覽會的觀念	熊秉明著	110 元
6-017	中國畫人傳	莊伯和著	160 元
6-018	余承堯的世界	雄獅美術編	150 元
6-019	回歸的塑造	熊秉明著	80 元
6-022	現代水墨畫家探索	鄭 明著	200 元
6-023	賈又福畫語錄	賈方舟編	200 元

㈦西洋畫家			
7-006	巨匠之足跡㈠—文藝復興時期	賴傳鑑著	200 元
7-007	巨匠之足跡㈡	賴傳鑑著	
7-008	巨匠之足跡㈢	賴傳鑑著	

㈧美術隨筆			
8-001	美術書簡—在信中與阿笠談美術	謝里法著	160 元
8-002	藝術手記	蔣 勳著	130 元
8-003	關於羅丹—日記擇抄	熊秉明著	140 元
8-004	紐約的藝術世界	謝里法著	120 元
8-005	蘇活冥想曲	王福東著	380 元
8-006	探親探藝	李再鈐著	270 元
8-007	大陸美術畫家評集	黎 朗著	180 元

㈨攝影			
9-002	攝影中國	雄獅美術編	140 元
9-003	攝影台灣	雄獅美術編	140 元
9-004	當代攝影大師	阮義忠著	320 元
9-007	當代攝影新銳	阮義忠著	320 元
9-008	家園—謝春德攝影集	謝春德著	900 元
9-009	創造影像魅力	林 霈譯	450 元

㈩技法入門			
10-002	水彩畫法 1・2・3	李焜培編	360 元
10-003	水彩畫法	劉其偉編譯	150 元
10-004	版畫藝術	廖修平著	170 元
10-005	繪描藝術	畢子融・鄭明編著	280 元
10-006	中國書畫裝裱	雄獅美術編	120 元
10-007	山水畫法 1・2・3	王耀庭編	300 元
10-008	花鳥畫法 1・2・3	林柏亭編	360 元
10-009	人物畫法 1・2・3	沈以正編	300 元
10-010	素描學	林文昌・蘇益家編	220 元
10-011	油畫技法 1・2・3	陳景容編	360 元
10-012	水彩藝術	楊恩生編	360 元
10-013	陶藝技法 1・2・3	李亮一編	360 元
10-014	書道技法 1・2・3	杜忠誥著	220 元
10-015	版畫技法 1・2・3	廖修平・董振平著	360 元
10-016	染色技法 1・2・3	莊世琦著	360 元
10-017	水彩技法手册—靜物	楊恩生著	250 元
10-018	中國水印木刻版畫	梅創基編	130 元
10-019	水彩技法手册—動物	楊恩生著	250 元
10-020	實用製圖與識圖	朱鳳傳著	200 元
10-021	工藝材料概說	李隆盛著	200 元
10-022	花藝插賞	陳琪倩著	280 元
10-023	噴畫技法 1・2・3	何慎吾著	450 元
10-024	水彩技法手册—花卉	李焜培著	250 元

⑪設計			
11-001	商業設計入門	何耀宗著	180 元
11-002	平面廣告設計	何耀宗著	160 元
11-003	平面設計原理	王無邪著	130 元
11-004	立體設計原理	王無邪著	130 元
11-006	實用色彩學	歐秀明・賴來洋編著	300 元
11-007	草圖與正稿	畢子融・黃炎鈐・鄭偉宗編著	340 元
11-008	廣告企畫與設計	虞舜華著	120 元
11-009	商業設計藝術	靳埭強著	300 元
11-010	現代中西書法	鄭明・包緯國著	250 元
11-011	形美集㈠	畢子融編著	220 元
11-012	形美集㈡	畢子融編著	220 元
11-013	談建築說空間	黃湘娟著	450 元

⑫兒童美育			
12-001	幼兒畫的創作	黃采蓉著	80 元

⑬美術工具類書			
13-002	西洋美術辭典(精美單册版)	黃才郎主編	
13-003	雄獅美術月刊十五年內容索引	雄獅美術編	100 元
13-004	中國美術辭典(精美單册版)	雄獅編委會編	

⑭美的叢刊			
14-002	歐洲美術館導遊	雄獅美術編	120 元
14-003	紐約文化遊	林樂群著	280 元

雄獅叢書6-024

藝術大師徐悲鴻

作　　者／金　山
發 行 人／李賢文
文字編輯／黃惠婷
美術編輯／徐烈火
助理美編／許若蘭
出 版 者／雄獅圖書股份有限公司
地　　址／台北市10514忠孝東路四段216巷33弄16號
電　　話／(02)7726311～3
傳　　眞／(02)7771575
郵撥帳號／0101037-3
電腦排版／文盛電腦排版有限公司
製　　版／秋雨印刷股份有限公司
印　　刷／秋雨印刷股份有限公司
定　　價／240元
一版一刷／中華民國七十九年四月
行政院新聞局登記局版台業字第0005號
ISBN 957-9420-29-7